华为

伟大都是**奋斗出来的**

HUAWEI TAKE PAINS TO BE GREAT

任景涛 罗静珊◎著

光明日报出版社

图书在版编目（CIP）数据

　　华为：伟大都是奋斗出来的 / 任景涛，罗静珊著
. --北京：光明日报出版社，2021.11
　　　ISBN 978-7-5194-6363-2

　　Ⅰ.①华… Ⅱ.①任…②罗… Ⅲ.①通信企业—企
业管理—经验—深圳 Ⅳ.①F632.765.3

　　中国版本图书馆 CIP 数据核字 (2021) 第 221034 号

华为：伟大都是奋斗出来的
HUAWEI：WEIDA DOUSHI FENDOU CHULAI DE

著　者：任景涛　罗静珊

责任编辑：曲建文　许黛如　　　　策　划：张 杰

封面设计：回归线视觉传达　　　　责任校对：李学萍

责任印制：曹　净

出版发行：光明日报出版社

地　　址：北京市西城区永安路106号，100050

电　　话：010-63169890（咨询），010-63131930（邮购）

传　　真：010-63131930

网　　址：http://book.gmw.cn

E - mail：gmrbcbs@gmw.cn

法律顾问：北京市兰台律师事务所龚柳方律师

印　　刷：香河县宏润印刷有限公司

装　　订：香河县宏润印刷有限公司

本书如有破损、缺页、装订错误，请与本社联系调换，电话：010-63131930

开　　本：170毫米 × 240毫米　　　印　　张：14.5

字　　数：180千字

版　　次：2021年12月第1版

印　　次：2021年12月第1次印刷

书　　号：ISBN 978-7-5194-6363-2

定　　价：58.00元

谨以此书献给为梦想而不断奋斗的人们！

推荐语

习总书记指出："新时代是奋斗者的时代。"

本书极好地诠释了华为紧跟时代脚步，顽强拼搏，在国内外激烈竞争中脱颖而出，在国际霸权主义围追堵截下巍然屹立。她不愧为中华民族的脊梁。

推荐者：胡振民 辛丑春于北京

中共中央宣传部原副部长

中国关心下一代工作委员会常务副主任

習總書記指出新時代是奮鬥者的時代
本書恰好地詮釋了華而紫娥時代湖冰
頑強拼搏在自由不激烈競爭中脫穎而
出在國際霸權主義圍追堵截下巍然屹立
如不愧而中華民族的脊梁

辛丑春朝眉民於紫荊
二〇

推荐序

华为是一个奇迹。1987 年，任正非被逼上梁山在深圳创立华为的时候，只有 6 个人，他们凑了 21000 元钱作为注册资金，成立了一个名叫华为的公司，当年的华为就是一个像蚂蚁一样渺小的民营企业。经过 30 多年来的艰苦奋斗和持续的开放创新，现在的华为员工已经超过了 19 万人，一年的销售收入将近 9000 亿元，已经成了一个名副其实的商业帝国，在通信领域华为登上了世界顶峰。

华为 30 多年来一路高歌猛进，但是并不意味着一帆风顺。30 多年来，华为经历了许多挑战，经受了很多磨难，尤其是在 2018 年，华为的 5G 技术登上世界顶峰之后，美国对华为进行围剿和打压。2019 年 5 月，美国把华为列入"实体清单"，使得华为的经营遭到极大的困难。2020 年 5 月，美国对华为的打压再度升级，妄图把华为"打死"，但是华为并没有被"打死"，华为挺住了，坚强活了下来。2021 年 3 月 31 日，华为发布 2020 年业绩报告，销售收入达到 8914 亿元，增长 3.8%；利润 646 亿元，增长 3.2%。3 个业务模块全部实现增长。华为在面临生死存亡的巨大考验时，还有如此出色的业绩表现，实在令人惊叹不已。华为不愧为中国企业的标杆，是中国企业学习的榜样。

2021 年 3 月 14 日，全国人大批准并发布了我国"十四五"规划纲要和 2035 年远景目标。这个纲要和规划具有里程碑式的重要历史意义。这是我国全面建成小康社会、开启全面建设现代化国家新征程的规划。它向全国人民展示了未来的美好前景，同时也给企业家群体带来了前所未有的历史性重大发展机遇。

企业强，则国家强。时代呼唤我们国家能够在未来涌现一批具有强大竞争力、站在世界行业前沿的伟大企业。企业家们要肩负起重大历史使命。改革开放以来，各级政府出台了一系列帮助企业成长的政策措施。但是从本质上来讲，办好企业最根本的还是要依靠企业家群体自身的内在驱动力，加强自身修炼，激发继续奋斗的激情。

事实证明，向标杆学习是企业快速成长的有效途径。在各个企业选择学习标杆的时候，学习华为无疑是首选，也是十分正确的明智选择。我们看到，华为在创造这个商业奇迹的过程中，以开放的胸怀，投入巨额资金，坚持 30 年持续不断学习、引进全世界最先进的现代企业管理经验。这些先进的现代企业管理经验是全人类智慧的结晶，是出现现代企业 200 多年以来的经验积累。华为已经将这些宝贵的精神财富消化吸收成为适合中国企业的管理制度和流程。华为的这种持之以恒向先进企业学习的态度也为其他企业做出了榜样。

现在，很多人都在研究华为，出版了许多关于华为的书籍。有的是管理学专家，有的是媒体作家等，也有部分在华为工作过 10 年甚至 20 年现已从华为退休或者离职的员工。这些书视角不同，却各有特色。

当我看到《华为：伟大都是奋斗出来的》这本书时，不禁感到眼前一亮。首先，这本书的书名道出了华为奇迹的本质因素。这本书的作者之一任景涛先生是资深媒体人、央视财经评论员，出版过几本具有一定影响力的书籍。任景涛十分崇拜华为，他花了很多精力长期关注华为，研究华为，多次深入华为实地考察，与华为高管交流。同时，本书的另一位作者罗静珊女士曾在世界 500 强企业担任高管，熟知企业运营管理模式，对华为也有深入的研究。在掌握了大量关于华为的详细资料之后，二人进行了深度思考，梳理出华为奇迹背后的底层逻辑，最后提炼出华为稳健发展的关键要素，用 8 个模块构建了本书的主体结构。

本书内容翔实，逻辑严密，文笔流畅。我愿意推荐给社会各界关心华为、愿意学习华为的各位朋友。我相信，只要认真研读，一定会受益。尤其对于各行各业的企业领导来说，通过对本书的学习，结合自己企业的实际情况，完善企业管理体系制度、流程，提升你们企业的核心竞争力。我相信，未来的中国一定会涌现出更多像华为一样的优秀企业，共同撑起中华民族的脊梁。

推荐者：朱士尧

华为技术有限公司原党委副书记

中国科学技术大学教授，研究生院原副院长

2021 年 8 月 1 日于深圳

前　言

　　正如管理学大师彼得·德鲁克所言，战略不是研究我们未来要做什么，而是研究我们今天做什么才有未来。

　　时代与市场的快速转变让企业发展越来越困难：小企业无技术、无规模、无市场、无领先优势，企业当家人更会受制于时间、精力的"天花板"。大企业也不容易，《华为公司基本法》起草组组长彭剑锋教授说："没有成功的企业，只有时代的企业。"大企业不缺洞察与新知，经常更快看到新的趋势所向，却因受限于以往成功所形成的惯性思维与满足感，组织结构、流程、体系深陷旧的时代需求，无力及时调整组织航道，无法建立起与转型相匹配的新的组织能力，觉察力无法转化为决策与行动力，最终功败垂成。如1975年发明第一台数码相机，高峰期雄占全球2/3市场份额的柯达因变革无力，错过产业的数码转型，痛失数码相机市场；当年的手机行业巨头摩托罗拉和诺基亚，都看到了移动互联网时代手机的智能化趋势并加以探索研究，但最终还是未能及时将以往"稳定、耐用性强的质量至上"的时代需求扭转至满足"体验至上"的新时代需求，以致痛失智能机的江山。可见，看到不是关键，做到才是硬核，总结下来则是：方向的选择、"度"的把控才是企业活下去的根本。

　　为了研究方向与"度"的合理融合，我们需要一个走在全球化前沿，经历过错失、痛楚，最终成为时代先驱的榜样来帮助我们看清当下企业最需要抉择与平衡取舍的是什么，而这个榜样无疑就是华为。

华为的成功，源于任正非的清醒。1997 年，华为营收人民币 41 亿元，是相隔 5 年的 1993 年营收 4.1 亿元的 10 倍。在这样的高速增长下，任正非依然清醒，于 1998 年斥资 20 亿元引入美国 IBM 管理咨询团队。正如任正非所言："企业缩小规模就会失去竞争力，扩大规模，不能有效管理，又面临死亡，管理是内部因素，是可以努力的。规模小，面对的都是外部因素，是难以以人的意志为转移的，它必然抗不住风暴。因此，只有加强管理与服务，在这条不归路上，才有生存的基础。"经历了"削足适履，穿好美国鞋"的自我革新与痛苦换血，华为开始逐步发展为世界级企业：1998 年营收 89 亿元，引入 IBM 咨询顾问首年实现营收 120% 的增长，IBM 咨询顾问完成为期 5 年的第一期管理变革即 2003 年，华为营收 317 亿元，为引入 IBM 咨询顾问前 1997 年营收的 7.7 倍。"华为不可复制，但华为的逻辑可复制。"研究华为成长的过程与规律，研究华为在方向与"度"上如何平衡取舍，身临其境地感受华为每次抉择的艰难痛苦，感受"为人类服务"的愿景、格局带来巨大感召力的中国脊梁的力量。

张利华在《华为研发》一书中说道："伟大其实是由每一个平凡人在平凡的一天一天中默默坚持、创造出来的；伟大的企业并非神灵所赐，也没有运气之说。"华为的奋斗史也是任正非的奋斗史。这位生于 1944 年的古稀老人的人生轨迹与中华人民共和国成立、改革开放、国际门户打开紧密相连。他经历过国内外贸易经济政策的洗礼，也经历过被骗钱、被开除、家庭分裂，后来为了偿还巨额债务，被迫走上创业之路。他具有东方传统文化理念，同时，他也积极接受 IBM、Hay Group（合益）、KPMG（毕马威）、PWC（普华永道）等国际知名咨询机构的科学管理方式。即使面对美国用"实体清单"对华为进行打压，他也依然有这样的格局："美国今天把我们从北坡往下打，我们顺着雪往下滑一点，再起来爬坡。但是总有一天，两军会爬到山顶。这时我们绝不会和美国人拼刺刀，我们会去拥抱，我们欢呼，为人类数字化、信息化服务胜利大会师，多种标准胜利会师。我们的理想是为人类服务，又不是为了赚钱，又不是为了消灭别人，大家共同能实现为人类服务不更好吗？"这就是任正非即华为得以屹立于世的奋斗史。

奋斗，不是纯粹的能吃苦，多干活，扛得住，而是在对的目标面前，取舍融合，不断实现价值提升的真行实践。1987 年，任正非用筹措的 2.1 万元创办了一家公司，取名"华为"，寓意"中华有为"。当年这家只有 6 位员工的小企业，在经过 34 年百炼成钢的历程后，终于发展成为世界 500 强企业、通信行业巨头。1992 年销售收入 1 亿元，1999 年突破 100 亿元，2008 年突破 1000 亿元达到 1250 亿元，2015 年达到 3950 亿元，2020 年达到 8914 亿元（约合 1367 亿美元），同比增长 3.8%。2020 年 3 月，华为的全球 5G 商用合同共有 92 份，位居全球第一；2020 年上半年，华为在国内旗舰机市场上首次斩获第一名，以 44.1% 的市场份额胜过苹果。

正如外交部部长王毅所言："今天的中国已不是百年前的中国，今天的世界也不是百年前的世界。"如果说华为作为一个民营企业，它的突破与崛起令人振奋的话，那么，面对世界强国、强企的联手打压，它的崛起更是伟大的。这一伟大的背后是 19.7 万华为人一直用自己的血肉、精神乃至灵魂在承受磨砺与煎熬，诚如习总书记所言："江山就是人民，人民就是江山。"面对技术落后、产品缺陷明显的质疑，华为人在积极确保客户使用的同时，也在积极进行技术革新；面对强国、强企操纵的市场垄断，华为人从不言弃，一直保持着战略耐性；面对利比亚战争、中国汶川大地震、日本海啸核泄漏、泰国洪灾、西非埃博拉疫情，华为人不曾退却，毅然坚守……

为真实还原华为这段因奋斗而荣耀的成长史，本书着力呈现华为的各个发展时期：摸爬滚打的初创期；向左还是向右的转折彷徨期；从"企业家的企业"到"企业的企业家"的蜕变期；"先僵化，后优化，再固化"的自我变革期……

本书旨在呈现华为的核心价值观、战略管理、风险管控、所处国际环境与企业文化，最终由点及面提炼可供其他企业参考的、可帮助解决各阶段实际面临的问题的管理经营哲学。特别是在国外对中国存在误解、不相信中国科技的情况下，华为通过做好自身产品、服务，在展现国家实力的同时，将"中华有为"带到国际舞台，堪称中国顶级制造的国际名片。书中既有体现华为在其发展历程中做出的深度反思、犹豫挣扎、积极探索、另觅蹊径、涅槃重生的真实案例，也有对华为管理方法论的系统归纳。

本书诠释了华为作为中华民族企业代表，在时代浪潮与国内外竞争格局下磨砺、成长、壮大的艰辛历程，呈现华为融合东方传统文化理念与西方先进科学管理技术，缔造世界级企业的传奇故事。希望本书能够与你一起打开华为的管理哲学与成功密码，同时成为现代企业学习面对不同阶段不同困难、高效实施企业经营管理的改进思路。

在撰写本书的过程中，作者得到了很多华为人和行业专家、朋友的暖心支持，更深刻感受到每位华为人、每位有为青年，在其个人与职业成长过程中的磨砺与坚守。最后借用习近平总书记的一句话——"幸福都是奋斗出来的"，与读者朋友和业界同人们互勉共进！

任景涛　罗静珊

2021 年 8 月 18 日

目 录

第一章

以商业为导向，平衡战略定力与变化

第一节　一个民营企业的世界性崛起 / 2

第二节　从战略聚焦到资源集中 / 8

第三节　基于针尖战略的技术创新 / 12

第四节　整体统筹下的战略布局 / 16

　　—— 华为启示录一 —— / 21

第二章

力出一孔，利出一孔，打造命运共同体

第一节　力出一孔，利出一孔，维系华为不倒 / 24

第二节　坚持不上市，打造命运共同体 / 29

第三节　深淘滩，低作堰，不做"黑寡妇" / 38

第四节　重视盈利，更重视对社会责任的践行 / 45

　　—— 华为启示录二 —— / 52

1

第三章

以客户为中心，逆向构建组织模式

第一节　追溯华为组织结构的变迁历程 / 54

第二节　权力下沉一线，让听得见炮声的人去做决策 / 58

第三节　以客户满意为准绳，健全经营机制 / 63

第四节　科学把控授权效果，提升授权价值 / 69

——华为启示录三—— / 75

第四章

以奋斗者为本，长期艰苦奋斗

第一节　锁定终极目标，坚定不移地前进 / 78

第二节　拒绝单打独斗，倡导群狼作战 / 88

第三节　长期坚持艰苦奋斗，不贪图享乐 / 93

第四节　以奋斗者为本，绝不让雷锋吃亏 / 98

——华为启示录四—— / 104

第五章

探索规范化管理模式，推进管理革新

第一节　改变"甩手掌柜"模式，实施规范化管理 / 106

第二节　忍痛"削足适履"，穿好"美国鞋" / 111

第三节　建构最优流程，实现快速反应 / 118

第四节 企业管理不宜极端化，有灰度才是常态 / 123

—— 华为启示录五 —— / 130

第六章

选贤任能，系统打造人才梯队

第一节 CEO 轮值管理，检验最合格的接班人 / 132

第二节 资格胜任，实施领导干部负责制 / 136

第三节 聚集优秀人才，得人才者得天下 / 143

第四节 持续追求进步，打造学习型组织 / 154

—— 华为启示录六 —— / 160

第七章

繁荣的背后永远充满着危机

第一节 战战兢兢如履薄冰，警惕华为的冬天 / 164

第二节 监测危机，识别风险，实施有效防控 / 168

第三节 长期自我批判，积极助推自我提升 / 173

第四节 持续放空，不断进步，提升硬核实力 / 179

—— 华为启示录七 —— / 188

第八章

除了胜利，华为已无路可走

第一节 昂首向前，华为不再低调 / 190

第二节　未雨绸缪，积累破局的爆发力 / 197

第三节　提升自主研发实力，筑牢中国脊梁 / 202

第四节　中华有为，民族企业的使命担当 / 207

—— 华为启示录八 —— / 211

后　记 / 212

参考资料 / 213

第一章
以商业为导向，平衡战略定力与变化

　　我认为成功的标准只有一个，就是实现商业目的，其他都不是目的。这一点一定要搞清楚。我们一定要有一个导向，就是商业成功才是成功。

　　当发现一个战略机会点和制高点时，我们可以千军万马压上去，后发式追赶。你们要敢于用投资的方式，而不仅仅是以人力的方式，把资源堆上去。这就是和小公司创新不一样的地方。

——任正非

第一节　一个民营企业的世界性崛起

华为投资控股有限公司（下称华为）在 2010 年之前为"华为技术有限公司"，创立于 1987 年，最初是典型的"三无"（无资源、无技术、无市场）公司，历时 34 年。其间持续经历多次经营变革，发展至今，不管是经营规模，还是战略定位，都已经实现了翻天覆地的变化：销售收入从 0 元发展到 2020 年的 8914 亿元；员工从 6 人发展到 19.7 万人；业务遍及 170 多个国家和地区，服务 30 多亿人口；从一家普通的贸易代理公司发展为全球领先的 ICT（信息与通信）基础设施和智能终端供应商。2020 年，华为在《财富》杂志发布的"世界 500 强"排名中位列第 49 位；在 Interbrand 品牌咨询公司发布的"2020 年全球最佳品牌排行榜"上排名第 80 位，成为唯一进入"TOP100"的中国公司。

华为是百分之百由员工持股的民营企业。华为通过工会实行员工持股计划。华为 2020 年度报告显示：公司员工持股计划的参与人数为 121269 人（约占员工总数的 62%）。这一员工持股计划将华为的奋斗者与劳动者进行有效区分，将公司的长远发展和员工的个人贡献及发展有机结合在一起，实现了一个民营企业通过"以奋斗者为本"，持续实现价值创造与价值分配，最终实现世界崛起的伟大奋斗历程。

研究华为，首先就要研究它的创始人——任正非。1982 年，中央军委批准下发《军队体制改革精简整编方案》。任正非当时是副团级干部，他在结束了 14 年的军旅生活后，转业担任了南油集团下属一家电子公司的副总经理。正当他信心满满、准备大干一番的时候，由于在一笔生意中被骗 200 万元货款，损失惨重，最终，他不得不离开了南油集团。

之后，即使经历创建的电子公司倒闭等一连串急转直下的挫败，任正非始终用"吃亏是福、上当是福、挫折是福"来安慰自己。不管华为有多成功，外界如何神话华为，任正非始终清醒面对，这也是他总是说"惶者生存""华为只是活下来了而已"的原因。

我们把时间轴拉回到 1987 年，在深圳南油新村乱草堆中的一个居民楼里，任正非与 5 位同事，决定每人出资 3500 元，合计 2.1 万元成立一家名为"华为"的公司，寓意"中华有为"。刚开始的短短几年，华为就通过代理模式积累了数百万元资金，并在全国范围内建立起近 10 个销售办事处。5 位股东想要分红，任正非认为代理业务虽然利润丰厚，业内竞争却十分激烈，华为的先天不足必然会影响它未来的发展。这种与生俱来的危机感，使得任正非认为革命尚未成功，还不能分红。在大家意见不合的情况下，任正非最后将股权全部回购，5 位股东集体退出。

一、直面先天不足，艰难探索破冰之法

那么，华为当时的先天不足表现在哪些方面呢？任正非认为，企业如果缺少核心竞争力，缺乏自主研发能力，那么它是很难长久地立足于市场的，会不可避免地遇到各种进出口政策的限制，甚至还要面对来自原厂的各种风险，最终使得"一切以客户为核心"的理念难以贯彻下去。

比如，由于产品供不应求，香港的原厂经常无法正常发货，代理商又缺少技术能力，因此一旦产品出现问题，根本无法及时为客户处理；在备

板、备件等环节，香港的原厂也无法为代理商提供足够的支持，使得代理商在为客户提供服务时经常陷入被动之中。这就是华为自创立之初就存在的一个典型问题——先天不足。

如果企业没有自主研发的产品，那么就无法真正为客户提供优质服务。正是因为任正非意识到了这一点，自力更生、艰苦奋斗才成了华为一步步从小公司成长到今日之规模的根本驱动力。为了更好地为客户服务，华为决定从最简单的组装模式开始，对产品进行自主研发。

比起直接代理成品，自主研发产品不仅可以降低成本，还可以自己控制设备的备件，这在提升对客户的技术响应度和服务质量方面表现出了极大的优势。正是通过这种"低价＋优质服务"的模式，华为快速树立起自己的品牌形象。

出人意料的是，华为当时仅仅迈出了这小小的一步，马上打造出了一个增长飞轮——华为生产的BH01在市场上竟然"供不应求"了。由于出货量太大，华为需要的散件货源也一度中断了。华为一时间陷入"收了客户的钱，却没有货可发"的窘境。

想要解决这个问题，华为就必须在最短的时间内突破自主研发，实现自主控制生产，并最终控制产品。1990年，华为开始进行第一次逆向开发，即照着BH01的电路和软件，自行设计电路并开发配套软件。如果按照现在的眼光看，这无疑是一种"山寨"之举，但对于华为来说，却由此开启了其自主研发之路。

二、持续高额研发投入，锻造硬核科技

初次试水的成功给了任正非莫大的信心，让他做出了一个重大决定：全力以赴进行自主研发。一个里程碑式的重要标志就是华为于1991年成立了"ASIC 设计中心"，专门负责设计"专用集成电路"。

众所周知，通信行业的顺利发展离不开前期研发的巨额投入，如果研发失败可能造成巨大损失，芯片研发更是一种烧钱行为。对于华为这样一家刚起步的公司来说，这也意味着其将承受巨大的资金压力。

随后的日子里，几十位华为员工吃喝睡全部集中在厂房之中，夜以继日地高强度连轴转，病了吃药，累了抽烟。华为的"床垫文化"由此而生。当时的华为已经到了连续 6 个月发不出工资，甚至在借用 24% 年利息的高利贷研发产品的状态。任正非延续部队艰苦奋斗的作风，如同带着一支几十人的部队，要打一场关乎华为生死存亡的硬仗。终于，1991 年12 月，真正属于华为的产品——"BH03 交换机"诞生了。首批 3 台价值数十万元的交换机成功出货，全部通过邮电部验收。此时的华为已经接近破产边缘，账上现金几乎耗尽。任正非曾站在会议室窗边说过这样一段话："新产品研发不成功，你们这些员工可以换个工作，我只能从这里跳下去了。"

即便顶着这样大的压力，华为在研发方面的投入多年来也一直保持着居高不下的惯例。《华为公司基本法》规定，每年将销售收入的10% ～ 14% 投入研发中。截至 2020 年年底，在华为的 19.7 万名员工当中，研发人员的比例高达 53.4%；2020 年研发投入费用占全年销售收入的15.9%，为历年最高，超过苹果、英特尔、思科等世界级企业。在 2020 年中国企业 500 强的研发费用投入排名中，华为位列第一名，而其近 10 年来累计投入的研发费用更是超过 7200 亿元。图 1-1 为华为 2011—2020 年逐年递增的研发投入。

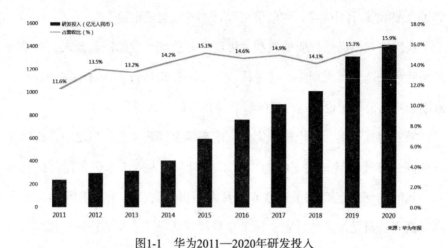

图1-1　华为2011—2020年研发投入

华为在自主研发上的持续投入与毅然决然的信念，使华为完成了从普通贸易公司到高科技公司的华丽转身，更使得华为在遭遇市场极限挑战时能够以实力迎战。2019年，华为在面对美国以及国际市场的各种围追堵截时，仍能从容面对，实实在在地检验了华为战略层面的高瞻远瞩与强大的研发实力。

三、5G成为华为引领世界的强力引擎

多年来，华为作为我国高新科技的代表，一直致力于核心技术的研发，为人类高科技进程赋能。从最初的集成电路产品生产，到为客户提供其需要的产品和解决方案，再到如今向全球提供领先的ICT(信息与通信)基础设施和智能终端，华为真正实现了把数字世界带给个人、家庭、组织，与更多合作伙伴一起构建出一个万物互联的智能世界。

2019年3月29日，在消费者BG"军团作战"誓师大会上，华为消费者业务CEO、高级副总裁余承东表示："未来5～10年，我们的长期战略是打造全场景智慧生活体验。人工智能时代、全场景5G时代来临，

我们要打造生态，从种'水稻'变成种'果树'，才能够长期持续发展。"
2020 年 9 月 23 日，在华为全联接大会上，时任华为轮值董事长的郭平发
表了主题为"'5 机'协同，共创行业新价值"的演讲。演讲中，郭平强调
华为将聚焦把 ICT 技术应用到各行各业，联合伙伴提供场景化解决方案，
帮助企业实现商业上的成功，帮助政府实现兴业、惠民、善政的目标。华
为将在行业中努力做到持续领先，不断打造、提升产品和品牌竞争力。图
1-2 为华为瑞士 5G 基站安装现场。

图1-2 华为瑞士5G基站安装现场

不可否认的是，华为在 5G 技术方面的领先，使之在世界范围内实现
了崛起；但同时，华为持续而迅猛的发展也使其在国际市场上遭遇了前所
未有的艰难与挑战。

第二节　从战略聚焦到资源集中

对于企业而言，战略是用来提升企业核心竞争力、获取市场竞争优势的一系列协调性行动规划。总体而言，华为的战略方向大体上是稳定的，战略目标则在战略方向的指引下做了适当修正。此外，华为还会根据时代与市场的发展，选择具体的战略发展领域进行相对集中的资源投放。

一、聚焦管道战略，抢占管道高地

2012 年，华为正式明确了管道战略，表示会进一步围绕管道战略进行聚焦。这里所说的"管道"是从技术、产业视角出发而设计的信息承载的数字化管理体系。比如，华为的固定与移动宽带（包括 5G 网络），发挥着资源传送、存储和分发功能，可以帮助客户通过管道来获得信息资源；因特网协议平台和会话描述协议平台等信息管道平台，则可以帮助客户充分获得管道价值，实现创收；基站设备则发挥着管道运营和计费系统的功能……这些设计都是服务于管道体系的，可以帮助客户更好地使用管道体系。

基于这种战略定位，华为在面向运营商、企业和行业等客户时，会差异化地架设管道体系。比如，面向运营商客户，华为聚焦于 E2E（端到端）大管道架构，将企业解决方案设计的目标设定为"高带宽、多业务、零等待的客户体验"；面向企业和行业客户，华为聚焦于 ICT 基础设施，只做基础设施产品的供应商，而不是细分领域的应用软件供应商。

为了聚焦某一领域的发展业务，华为迫切需要建立最优管道，以保障管道的覆盖面与应用率。为此，华为近年来还在着力抢占大数据制高点。正如任正非所说："在大数据流量上，我们要敢于抢占制高点。我们要创造出适应客户需求的高端产品；在中、低端产品上，硬件要达到德国、日本消费品那样永不维修的水平，软件版本要通过网络升级。高端产品，我们还达不到绝对的稳定，一定要通过加强服务来弥补。"实践证明，管道聚焦战略使华为获得了足够能力为各类客户群体提供更优质、更有竞争力的产品和问题解决方案。

二、集中优势资源，赢取目标客户

为了做好管道聚焦，为既定客户提供最好的产品和最专业的服务，华为着力集中并保障资源优势。

任正非是这样描述资源集中战略的："华为选择了通信行业，这个行业比较窄，市场规模没那么大，面对的又是世界级的竞争对手。我们没有别的选择，只有聚焦，只能集中配置资源朝着一个方向前进，犹如部队攻城，选择薄弱环节，尖刀队在城墙上先撕开一个口子，两翼的部队蜂拥而上，把这个口子向两边快速拉开，千军万马压过去，不断扫除前进中的障碍。最终形成不可阻挡的潮流，将缺口冲成大道，城就是你的了。"对于一个企业而言，应当慎重思考将哪些"鸡蛋"放在哪个"篮子"里，即如何将资源集中地按计划投放或投放在客户身上。在实践中，华为始终锁定客户方向，不随意改变。

1998 年，任正非发表了"华为的红旗到底能打多久"的讲话，他决心把华为的目标定位成一个设备供应商，将主业务定格在通信行业领域。这个目标最初遭到了众人的反对，但最终还是被确定下来。随后，华为明确了"调整业务体系，剥离非核心业务，建立核心竞争能力"的竞争战略，将大部分资源从非核心业务中抽离出来，将非核心业务交给合作单位，自己则将更多的精力聚焦在主业务上。在这样的背景下，1999 年年底，前身为华为电气的安圣电气（以电源业务为主）被以 7.5 亿美元卖给了艾默生电气。

华为电气成为被剥离的首选并被出售的原因在于：

（1）华为电气是一家以电力电子及其相关控制技术为基础的公司，它与华为的核心发展方向不同。为了华为的长远发展，应该把华为电气卖出去。

（2）对华为电气而言，它的业务以电源为主。华为电气成立以来一直是我国这一领域里的"领头羊"，市场占有率较高，其中电源占 40%，监控设备占 50% ～ 60%。华为电气自身要想得到更大的发展，必须跨越这一领域，而华为在一定程度上限制了华为电气的进一步发展。

（3）华为不是上市公司，不能通过证券市场获得融资。在坚守核心业务的前提下，将非核心业务且运作良好的华为电气剥离出去，可以融来资金。

（4）华为对当时国内 UPS 市场的前景并不看好。

通过华为的这些方法，我们可以知道：企业要明确自己的核心客户在哪里，要清楚自己应当将有限的资源聚焦于何处。只有定位清晰，才能有效避免资源被分散，避免企业偏离主战略方向。

三、保持战略定力，舍得"不为"

事实上，华为虽然聚焦于通信行业领域，但其涉及的其他方面的具体业务还是很多的。华为选择不做所有业务，而是"有所为，有所不为"。任正非认为："坚持在少数业务上保持'两个海军陆战队'的实力，投入大，人力精，就行了。"这实质上便是所谓的"收缩核心，放开周边"，也是企业管理成熟的标志。

华为认为，企业进入自己不熟悉或不拥有资源的领域是非常危险的。任正非指出："产品战略上一定要清晰，不能什么东西都要自己搞，要敢于放弃，只有懂得放弃，才能说明你有明确的战略。市场需求大，成长性好，技术成熟的可以重点自研；市场需求小，成长性差，技术准备不成熟的可以放弃自研，考虑合作方式。"

2002年，华为险些进入房地产业。当年，华为一度考虑将华为硬件体系出售给摩托罗拉，售价初定为100亿美元。但在双方草签合同之后，摩托罗拉出现高层人员更迭，新领导未能通过原协议，导致双方未能达成最终合作。当时，华为的高层领导极为沮丧，并很快召开了一次关于未来战略的大讨论。正是在这次讨论会上，华为得出了一个结论：华为坚持只做一件事，让公司的所有资源得以集中，这样才能推进华为走向成功。而《华为公司基本法》的诞生，更是保证了华为的发展战略做到路径集中，不出现偏差。

在企业经营与发展的过程中，企业可能遇到的机会非常多。但是，企业必须做到"有所不为"，才能集中精力"有所为"，从而形成自己的竞争力。如今，华为仍然坚持着这一战略思想，每当它要做出一项是否进入或收窄某一业务领域的决策时，仍然是基于这一战略思想进行思考。

第三节　基于针尖战略的技术创新

华为的针尖战略是战略集中在技术上的呈现。在企业创立之初，华为为了快速打开市场，从其他大企业看不上的"行业盐碱地"开始，在技术上强调针尖战略，坚持集中力量，有针对性地攻克技术难关，最终得以在市场上闯出自己的一方天地。

一、集中优势资源，攻克针尖技术

企业必须拥有自己的核心竞争力，这样才能在市场上赢得竞争优势和主动地位。华为从创立伊始便明确要致力于核心技术——通信核心网络技术的——研究与开发，在资源配置强度上，更是远远超过竞争对手，集中精力突破重点技术，然后迅速扩大战果，最终实现系统领先。

最初，华为把当时通过代理销售创造的利润集中应用在小型交换机的研发上，通过局部技术的突破逐步取得技术领先和利润空间的扩大。随后，华为又将积累的利润投入产品升级换代的研究开发中。再后来，华为将"针尖"锁定在核心技术领域，倾全力于技术，终于使企业技术水平得以一步步提高，最终达到世界先进水平。如今，华为已经是全球通信行业中的引领者，肩负着产业换代的技术探索使命。

关于华为在针尖战略下的技术发展历程，华为 5G 首席科学家童文说道："2G 时代华为是照着国外产品做，3G 时代我们跟着国际标准做，4G 时代我们参与了标准的制定，5G 时代华为有了充足的积累，可以在标准制定之前就进行早期投入，推动全球发展统一的 5G 标准。"

目前，华为已与全球移动运营商联盟组织 NGMN 的成员进行了密切合作，探讨 5G 需求，定义 5G 场景。在与垂直行业的合作方面，华为是欧洲 5G VIA（5G 垂直行业使能器）的创始人之一，联合了众多行业组织、标准组织、欧洲主流运营商和设备商等，在辅助驾驶和自动驾驶、智慧医疗、智能制造、智能电网等领域一起推进 5G 技术的广泛应用。2020 年 3 月，华为已与全球运营商签署了 92 份 5G 商用合同，位居全球第一。

任正非说："公司各个层面都要聚焦到机会窗……我们整个队伍都要聚焦起来。我们公司在技术战略上强调'针尖'战略，正因为我们这二十几年来，加强压强原则，坚持只做一件事，坚持像'乌龟'一样慢慢地爬，才有可能在几个领域里成为世界领先。"也就是说，要"高筑墙，广积粮，缓称王"。华为就是这样，一步一个脚印地夯实前进。

二、科技引领，持续创新发展

当然，针尖战略下的创新实践离不开高昂的成本投入。创新成本问题始终是华为经营管理的重点之一。众所周知，华为每年会将销售收入的 10% ～ 15% 投入研发中。2020 年 9 月 28 日，中国企业联合会发布的《2020 中国 500 强企业发展报告》显示，在全国 500 强企业中，2019 年华为的研发费用投入排名遥遥领先，是排名第二的阿里的 3.1 倍，如图 1-3 所示。2020 年的研发投入资金为过去 10 年累计研发总投入资金的 19.7%，研发投入资金约为 1419 亿元，约为净利润 646 亿元的 2 倍。同为行业标杆的腾讯公司，其同期研发投入资金约占净利润的 20%。

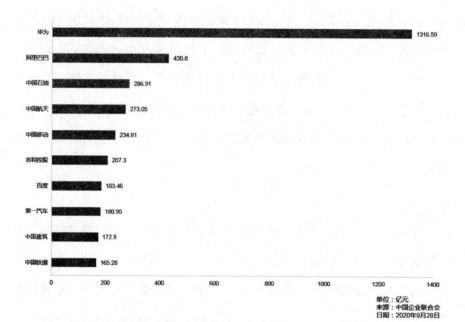

图1-3　2019年中国500强企业研发费用投入前十

同时，华为通过技术创新不断锤炼成本优势，为客户创造价值，实现行业引领。2012 年，欧盟错误地认为，华为以过低的定价在欧盟市场上实施倾销行为，对欧盟厂商造成了经济利益损害。对此，华为在声明中予以明确回应："我们能取得成功是因为我们能通过明智的、技术性的创新来降低整体运营成本，而不是通过定价方式。"显然，华为的创新行为与企业成本优势之间实现了有效的平衡统一，可见创新不仅是企业在当今时代转变冲击下不断满足客户需求、实现客户价值提升的需要，更是确保企业明天的生存与发展的需要。

三、平衡技术创新与商业运作的适度性

为了在市场上取得突破，抢占市场份额，任正非要求华为人每时每刻都要思考如何开发新技术，提升企业的核心竞争力。但同时，任正非也强调，创新不是随意而为，它应确保在"度"上平衡。基于此，华为提出了一个创新的原则：企业要保持技术领先，但不能领先太多，只能领先竞争对手半步，领先三步就会成为"先烈"。

华为这套较为现实的创新战略思想并非一朝一夕就形成的，它经过了一段长而复杂的发展过程。1998 年，华为在中国联通的 CDMA 项目招标中落选。当时公认的 3G 产品有两个版本——IS95 版和 IS2000 版。两相比较，前者相对成熟，而后者采用了新的技术。华为在战略分析上认为，IS95 版仅是一种过渡型产品，故而投入大量资源进行了 IS2000 版的研发。然而，在评标阶段，中国联通出于对性能稳定方面的考虑还是选择了IS95 版。

后来，华为内部就此做了检讨和分析。任正非在《华为的核心价值观》中有这样一段话："技术在哪一个阶段是最有效、最有作用的呢？我们就是要去看清客户的需求，客户需要什么我们就做什么。卖得出去的东西，或略略抢先一点点市场的产品，才是客户的真正技术需求。超前太多

的技术，当然也是人类的瑰宝，但必须牺牲自己来完成。IT泡沫破灭的浪潮使世界损失了20万亿美元的财富。从统计分析可以得出，几乎100%的公司并不是技术不先进而死掉的，而是技术先进到别人还没有对它完全认识和认可，以至于没有人来买，产品卖不出去却消耗了大量的人力、物力、财力，丧失了竞争力。许多领导世界潮流的技术，虽然是万米赛跑的领导者，却不一定是赢家，反而为'清洗盐碱地'和推广新技术而付出大量的成本。"甚至到2017年，任正非仍然在消费者BG年度大会上反复提醒："不要无价值地盲目创新。面对不同的消费群有不同的终端界面，我理解，但是面对同一个消费群，有些创新就没有必要。"

必须认识到，虽然技术创新是华为发展的核心动力，但是如果技术创新过度，超出客户的实际需求，最后不仅很难给华为带来价值，还有可能造成极大的负担——难以形成市场效应，甚至使华为丧失战略机会。因此，华为要求研发人员必须端正对创新程度的认知，在实践中把握好创新的尺度，甚至提出"工程师要有一点商人的味道"这一独特的观点。

第四节　整体统筹下的战略布局

要想经营好企业，就必须进行谋篇布局，做好整体的战略规划，完成对现实目标的关联和从战略到实践的解码，让战略目标得以切实落地。华为围绕企业愿景、价值创造与价值分配，通过战略解码辅助战略推行，如

图 1-4 所示。

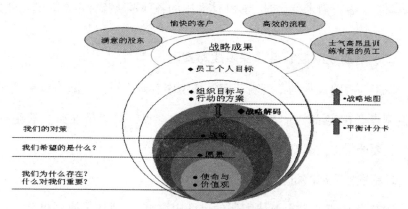

图1-4　华为的愿景、价值观与战略的关联

一、从战略模型设计到战略解码细化

2004 年，华为开始与英国电信、沃达丰构建战略性合作伙伴关系。应后者要求，华为递交了公司的战略规划。然而，看过这份战略规划后，英国电信和沃达丰都认为，华为提供的不是战略规划，顶多算是重点工作事项或整体工作方向。于是，华为在 2005 年正式引进了"五看三定"模型。在该模型中，"五看"是指看行业 / 趋势，看市场 / 客户，看竞争，看自己，看机会；"三定"是指定控制点，定目标，定策略。2009 年，华为开始将战略规划与项目预算、KPI（企业关键绩效指标）体系相结合。

2010 年，华为又引进了 IBM 的业务领先模型"BLM"（业务领导力模型），随后逐步实施战略解码。华为战略解码的核心原则是"价值创造决定价值分配"，而战略解码的核心输入有两个：一是保障对企业战略和业务目标的支撑，将企业战略分解到各个部门，转化为部门业务目标和对应的考核指标。二是保障对业务流程的支撑并实现高效协同。为此，多个KPI 指标之间必须互相关联，而多个 KPI 集合后最终才得以形成整个组织

KPI 的核心输入。同时，这套 KPI 体系必须进行年度刷新，特别是当出现战略调整、客户需求变化时，KPI 体系中的各项考核指标也需要随之变化。

二、借助战略控制点，保障战略实现

在华为战略设计的"五看三定"模型中有两个重点：战略机会点和战略控制点。在实践中，华为非常重视这两个点，既要精准抓取战略机会点，又要严格把控战略控制点。

1. 精准抓取战略机会点

2007 年任正非在上海研究所的讲话中提道："抓住了战略机会，花多少钱都是胜利；抓不住战略机会，不花钱也是死亡。节约是节约不出华为公司的。"

理想的战略机会点应具有海量市场，比如，像无线、云计算等领域，动辄几千亿、上万亿美元的市场。抓住这类战略机会点，会使企业获得相对更大的价值。

当然，这也需要企业上下各个管理层都能对这一战略机会点达成共识。如果企业高层之间对于这一重大战略机会点无法达成共识，那么必然不会投入大量的资金、精力去落实这件事情；如果企业的中、基层管理者之间未能达成共识，那么最终就很难实现高效的战略落地。

2. 严格把控战略控制点

所谓"战略控制点"是指那些能够助力战略机会点成功的控制点。在从战略机会点到战略控制点的把握上，华为取得的成功典型当属重装旅组织。

2014 年 3 月 7 日，任正非在关于重装旅组织汇报会议上的讲话，标志着解决方案重装旅开始筹备。同年 7 月 17 日，华为正式宣布重装旅组织成立。华为重装旅的所有作战岗位都是根据项目的难易度和未来的战略规划设置的，而不是依据个人资历来安排的。在日常工作中，重装旅主要进行战略规划，对全球主要代表处进行研究，找出战略机会点，确定如何调配专家，以及提供何种支持，等等。任正非说："我们培养重装旅的目的，就是要攻下战略机会点。"

当然，一个企业可以有多个战略控制点，只要是有上进心的企业，都不会甘心被别人扼住自己的咽喉。纵观华为这些年的发展，其隐含的主线之一，就是不断向更多、更强的战略控制点迈进。

三、与时俱进，适时实施战略升级

华为一旦选定战略领域，并不是必然一成不变；相反，为了使企业获得更有利的发展，华为会进一步细化甚至革新原来的战略规划。

华为的业务重点一度是运营商市场，但是运营商市场的发展潜力是相对有限的。华为的 CMO（首席营销官）余承东曾公开声称，运营商市场如果做到 400 亿美元，那么已经基本达到极致状态。尽管传统设备市场仍然存在上升的空间，但是可分到的蛋糕已经非常有限，故而华为要"拓展边界，从 CT（通信技术）向 ICT（信息与通信技术）转变"。

比如，2010 年华为开始在云计算领域发力。2010 年 11 月，华为公开发布了云计算战略及端到端方案，宣布启动"云帆计划"。这是华为战略重心发生转移的一个显著标志。

2011 年 10 月，华为在深圳举行了"2011 华为云计算大会暨合作伙伴大会"。其间华为正式发布了"云帆计划 2012"，首次明确其云计算的三大战略：大平台、促进业务和应用的云化、开放共赢。

再如，2018 年华为从云、管、端三大层面开始向 AI（人工智能）领域发力。在运营商业务领域，华为提出要全面智能化，将人工智能引入电信网络，发布了 SoftCOM AI 解决方案，也就是在原有的全云化网络架构基础上，引入比较成熟的以机器学习为核心的 AI 技术，从而实现网络智能化。

华为轮值董事长郭平在华为全联接大会 2020 上的发言中提道："2020年，随着 5G 在全球完成规模部署，联接、AI、云、计算和行业应用，这五种技术、五大机会史无前例地汇聚到一起。"

这一系列行动的背后，都是华为为了实现企业的不断发展、持续进步而做出的战略选择与升级。对于企业而言，唯有不断发展，持续进步，才是企业战略规划与布局的根本出发点。

—— 华为启示录一 ——

没有正确的假设，就没有正确的方向；没有正确的方向，就没有正确的思想；没有正确的思想，就没有正确的理论；没有正确的理论，就不会有正确的战略。

——任正非

◆ 无论从何处出发，企业都必须明确自身未来的发展方向，正视自身的短板与不足，持之以恒地提升核心竞争力。如彼得·德鲁克所言，战略不是研究我们未来要做什么，而是研究我们今天做什么才有未来。借鉴华为"2G模仿、3G突破、4G同步、5G引领"的逐级历史性跨越，不等缺钱时才筹钱，不等技术落后时才研发投入，对标行业标杆，提前布局，抓住战略先机，稳扎稳打，实现企业逐级提升的持续发展。

◆ 战略聚焦，资源集中，避免不必要的力量分散，具体分两点：首先是方向把控与选择中的取舍。在众多可选择的机会里，做到"有所不为"，才能集中精力"有所为"。人与企业都是这样，先要选择最核心选项，然后全力以赴，不让放弃的选项进入干扰轨道，集中全力形成核心竞争力。其次是"度"的平衡。企业要保持技术领先，但不能领先太多，只能领先竞争对手半步，领先三步就会成为"先烈"。如果技术创新过度，超出了客户的实际需求，不仅很难给企业带来价值，还可能给企业造成极大负担——难以形成市场效应，甚至使企业丧失战略机会。因此，在实践中，把握好创新的尺度，牢记"工程师要有一点商人的味道"。

◆ 发展针尖战略，集中力量，针对性地攻克核心技术难关，实现系统领先，打造绝对优势，这是打造行业壁垒的关键。与此同时，平衡成本输出的适度性，这是企业得以存活的根本。

◆ 企业可围绕企业愿景、价值创造与价值分配，通过战略解码辅助战略推行。在选定战略领域后，不一定必然一成不变，为了使企业获得更有利的发展，可以细化甚至革新企业战略规划。

第二章
力出一孔，利出一孔，打造命运共同体

　　我们知道我们管理上还有许多缺点，我们正在努力改进之，相信我们的人力资源政策会在利出一孔中越做越科学，员工越做干劲越大。我们没有什么不可战胜的……如果我们能坚持"力出一孔，利出一孔""下一个倒下的就不会是华为"。如果我们发散了"力出一孔，利出一孔"的原则，"下一个倒下的也许就是华为"。

——任正非

第一节 力出一孔，利出一孔，维系华为不倒

任正非说："如果华为能坚持'力出一孔，利出一孔'，下一个倒下的就不会是华为。""力出一孔，利出一孔"是华为采取的基本战术，是其在实施内部利润分配时遵循的一个重要观念。

一、"力出一孔，利出一孔"的底层逻辑

为什么华为要坚持"力出一孔，利出一孔"呢？

任正非是这样解释的："大家都知道，水和空气是世界上最温柔的东西，因此人们常常赞美水性、轻风。但大家又都知道，同样是温柔的东西，火箭是空气推动的，火箭燃烧后的高速气体，通过一个叫拉法尔喷管的小孔扩散出来的气流，产生出巨大的推力，可以把人类推向宇宙。像美人一样的水，一旦在高压下从一个小孔中喷出来，就可以用于切割钢板。可见力出一孔，其威力之大……"

1. 力出一孔

任正非认为，企业的资源是有限的，必须要针对一个目标集中投入。

华为从创业开始，就把通过代理销售所获得的利润全部集中投放到小型交换机研发方面，利用压强原则，形成局部突破，并由此逐步达到技术领先水平。抓住机会窗口之后，华为又将企业利润投放至下一代产品的研

发之中。时至今日，华为仍然在沿用这一战术。

面对巨大的通信市场，如果华为投入全部身家进入竞争状态，那么企业必然要应对难以想象的压力。因而，华为强调集中力量打歼灭战，选准一个突破口，把人力、物力、资金全集中在这个点上。任正非说："这样就可撕开一个口，撕开一个口就有市场，有市场赚了钱再加大投资，加大投资又会有更大的突破，有突破又会有更多的市场，这样就会形成一个良性循环。"这便是华为对"力出一孔"战术的生动解读。正是在"力出一孔"这一战术原则的指引下，才有了华为上下的团结一致与价值共创。

2. 利出一孔

"利出一孔"是"力出一孔"的激励性要素。企业要实现"利出一孔"，让员工或合作者看到自己有希望与企业共同分享利益，这样才会激励他们"力出一孔"。

对于华为的"利出一孔"原则，我们可以从两个层面来理解。第一个层面主要表现在员工方面，既要坚持利益分享的公平公正，又要保证员工的廉洁自律，保证所有人的利益来源都是透明状态。第二个层面主要表现在客户方面，华为长期坚持业务聚焦，坚持"为客户创造价值是公司存在的唯一理由"，甚至提出"要超越客户需求，引导客户消费"的观念，把客户作为企业经营的唯一着力点，全面从客户身上挖掘效益。

事实上，华为的"利出一孔"原则在制度上是有着明确规定的。比如，从企业最高管理层到基层管理干部，其全部收入只能来自华为发放的工资、奖励、分红等，坚决不允许存在额外收入。这一原则从根本上避免了华为整个管理层出现为个体谋私利、损害企业利益的行为。

二、培养一致的企业价值观

任正非说："我们今天是利益共同体，明天是命运共同体，当我们建成内耗小、活力大的群体的时候，当我们跨过这个世纪形成团结如一个的数万人的群体的时候，我们抗御风雨的能力就增强了，可以在国际市场的大风暴中去搏击了。"

为了强化华为人对企业价值观的认知，华为一直在有意识地打造文化共同体。华为大学的课程内容虽多，但其中有一半是文化类课程，如艰苦奋斗、自我批判、诚信、创新、合作互助、责任心与敬业精神、以客户为中心等。华为努力通过这些培训课程，促使企业上下形成一致的价值观，自然而然地践行企业价值观。

此外，华为还提出了一些极为特别的观点，比如，在《华为公司基本法》中，有"华为主张在顾客、员工与合作者之间结成利益共同体。努力探索按生产要素分配的内部动力机制。我们绝不让雷锋吃亏，奉献者定当得到合理的回报""坚持以物质文明促进精神文明""不能叫雷锋吃亏，以物质文明巩固精神文明，以精神文明促进物质文明来形成千百个雷锋成长且源远流长"，等等。显然，华为使用了类似传统价值观的语言，极具创造性地在华为内部建立起了一种独特的价值观体系。这种价值观强调了对个体工作主动性的认可，同时也强调了个体付出与物质回报的正相关，由此更容易获得个体的观念认同和行为接纳。

民主生活会也是华为为培养一致的价值观而开展的成功实践范例。任正非在《华为的冬天》里说道："下面也要有民主生活会，一定要相互提意见，相互提意见时一定要和风细雨。我认为，批评别人应该是请客吃饭，应该是绘画、绣花，要温良恭让。一定不要把内部的民主生活会变成有火药味的会议，高级干部尖锐一些，是他们素质高，越到基层应越温和。事情不能指望一次说完，一年不行，两年也可以，三年进步也不迟。我希望各级干部在组织自我批判的民主生活会议上，千万要把握尺度。我认为人是怕痛的，太痛了也不太好，像绘画、绣花一样，细细致致地帮人家分析他的缺点，提出改进措施来，和风细雨式最好。"正是在这样的倡导下，正是在尊重员工个体行为的前提下，华为的民主生活会发挥出了强大的反思和辅导功能。

可以说，华为的价值观管理，不仅发挥了约束全员的功能，还起到了内部融合的作用。也正是得益于价值观的培养，才使得华为人虽然承受着越来越大的竞争压力，却始终能保持平静与自信。华为人始终相信：华为人是一体的，会以一个团队的姿态在国际市场大风暴中迎难而上。

三、胜则举杯相庆，败则拼死相救

"力出一孔"的一个直接体现就是"胜则举杯相庆，败则拼死相救"的团队精神。这句话要求每一位团队成员为了组织的共同目标，自觉地担负起自己的责任，朝着同一个目标一起努力，甚至甘愿牺牲自己的利益。在过去的 34 年，华为人将这种"力出一孔"、同甘共苦的团队精神发挥得淋漓尽致。

马涛（化名）刚被晋升为华为某办事处的主任，没想到却遇到了宕机事故。因为这次事故正巧发生在白天，对终端用户的影响非常大，所以客户的投诉电话响个不停，个别客户甚至情绪激动地冲进了营业厅。马涛第一次遇到如此紧急而严重的情况，颇为慌张。于是，他赶紧向上级领导汇报情况，并立即组织突发事件应急小组，力求以最快的速度为客户解决问题。

负责这一区域工作的上级领导得知情况之后，立即带人奔赴事故现场，为工作人员提供工作指导和紧急支援。当他们抵达办事处时已是半夜时分，但所有人都未曾休息，而是共同进行根本原因分析；随后，他们又马不停蹄地赶往机场，准备去向客户汇报。而在事故现场，应急处理人员仍在全力抢修，一刻未停。事后，客户是这样评价华为工作人员的："只要我们有需要，华为人就一定在。"

在这次的宕机事故中，各级领导和办事处的工作人员都在积极主动地承担自己身为华为一员的责任。从华为人的团队行为中，我们可以清楚地看到：华为人所在的集体是一个同甘共苦的集体。

曾经有一位华为人回忆起他参加莫斯科展览会时的情景。他说，在这支参展团里有一条原则是所有团员都会共同遵守的，那就是"每一个人遇到的困难都是这个集体共同面对的困难"。因此，在整个参展的过程中，任何一个华为人都会无私地帮助同事，哪怕互相不认识。在他们眼里，华为人就是自己的家人，就应该毫不犹豫地帮助他。因此，当参展团遇到更改签证日期、境外汇款、运输报关、找旅馆等各类麻烦事的时候，公司相关部门的同事就会帮他们搞定，为参展团省去了不少麻烦。生活在莫斯科的华人在看到这样一支团结一致的队伍时，情不自禁地感慨道："从来没有见过这样的团体，你们的年轻人太好了。你们让我们第一次有了一种扬眉吐气的感觉。"

事实上，在过去的 30 多年时间里，无论遇到大事还是小事，华为上至高层领导，下至一线员工，都能主动承担起自己应尽的责任和义务，绝不会互相推诿或逃避责任。他们默契合作、同甘共苦、齐心协力，成功化解了一次次的难题和危机。

任正非认为，市场竞争越激烈，企业盈利空间越小，华为人就越需要这种集体奋斗的精神。而华为人也一直像任正非所要求的那样，做到了"胜则举杯相庆，败则拼死相救"，力出一孔，荣辱与共。

第二节　坚持不上市，打造命运共同体

很多企业都在追求上市，仿佛唯有企业上了市，才是实现了真正的成功。对此，华为创始人任正非并不赞同。他曾多次明确："我们之所以能超越同业竞争对手，原因之一就是没有上市……资本市场都是贪婪的，从某种程度上来说，不上市成就了华为的成功……股东是贪婪的，钱要从客户身上来，勒索客户多了，客户迟早会明白。华为不上市，可以控制住自己的欲望，为客户服务好，赚合理的钱。"可以说，任正非的认知是非常清醒的。也正是坚持不上市的做法，为华为规避了很多经营风险，同时也使华为凝聚成一个团结的共同体。

一、解密"华为不上市"的幕后故事

对于"上市"，企业必须保持正确的态度。如果不能正确地看待上市，或者不能采用正确的经营模式，那么上市很可能会成为企业的噩梦。

据《南方周末》报道，一位退市的企业创始人透露：当时该企业被"包装"上市后，因遭到投资者的质疑而不得不聘请中介机构写调查报告为自己"正名"。结果，该企业支付了 1000 多万美元的服务费仍未解决；而该企业所获得的融资总额也不过 1 亿美元，再加上其他方面的支出，企业最终被"吃得只剩一张皮"。如此一来，企业根本无力做好内部管理与客户服务。

更有甚者，部分企业经营者还在为迎合上市而弄虚作假，最终使自己身陷囹圄。2013 年，万福生科公司创始人龚永福因涉嫌欺诈发行股票、违规披露重要信息和伪造金融票证犯罪，被刑事拘留。在接受记者采访时，龚永福称："虽然融资融了 4 个多亿，但是前期中介机构费用，还有发行费等就用去了近 1 个亿，募集资金中有 1.7 亿元被冻结在银行无法使用。募投项目建设投入 1 个多亿后，募集资金被冻结，募投项目建设正在进行中。加上企业正常生产运作及因企业上市造假，银行对企业的信誉产生怀疑，不予贷款。我只好把自己的 3000 万元积蓄投进去。"在被问及上市造假问题时，龚永福无奈地说是因运作机构建议他去美化财务指标，结果自己也不太懂，没想到最终出了刑事问题。

事实上，对企业来说，上市在某种程度上意味着更大的经营压力。一些企业为了能够获得上市条件，耗费大量的人力、物力、财力进行"包装"；为了维持良好的品牌形象，每年不得不支付高额的公关费用去应对社会上的负面传闻；为了呈现"发展迅猛""盈利能力强"的态势，部分企业还患上了"业绩强迫症"。此外，对于上市企业，有对外披露信息的义务，甚至有些信息涉及商业机密，从而使得企业在竞争中变得没有秘密，一举一动都被对手看得很清楚……这些情况都损害了企业的长期发展，使之在市场竞争中陷入被动地位。

任正非认为，企业上市的负面影响不仅限于此，还不利于企业人才队伍的持续成长。他说："科技企业是靠人才推动的，公司过早上市，就会有一批人变成百万富翁、千万富翁，他们的工作激情就会衰退。这对华为不是好事，对员工本人也不见得是好事，华为会因此而增长缓慢，乃至于队伍涣散。"

2013 年 3 月 30 日，任正非在持股员工代表大会的发言中针对上市传闻等问题进行了解释："任何公司的发展是不是只有上市一条路，允不允许一些企业缓慢地积累增长，这些企业是以管理经营为主，而不是以资本经营为主。外界对我司上市问题议论纷纷，我负责澄清一下。董事会 20 多年来，从未研究过上市问题，因为我们认为上市不适合我们的发展。"除此之外，华为还表示，未来 5～10 年内，华为都不会谈上市问题，不会参与任何资本游戏，而将致力于行政改革，推动机关从管控型向服务、支持型转变，形成一个适应现代需求的现代化管理企业。

华为高级副总裁胡厚崑则从企业价值分配与人员激励的角度，给出了非常生动具体的说明："在公司不上市的情况下，劳动和资本的合伙制其实是公司价值分配的基础。分配方式中劳动所得，包括 TUP（时间单位计划）、工资、奖金、福利等收入，与资本投入所得设置合理的分配比例，让拉车的人永远比坐车的人拿得多，那么车就会越跑越快，这样华为的发展就有了'永动机'。如果我们把这些理念整理清楚，完全是可以给所有员工讲清楚的，让优秀人员都看到华为的分配机制，愿意进来，愿意奋斗。"

基于这些现实因素的考量，华为坚持不上市，把股权开放给员工。这样一来，华为的每一份收益都是属于每一位企业成员的，享受分红与股票增值利润的是华为合伙人。2019 年 10 月 15 日，任正非接受了一些北欧媒体的采访，当时他说："有人觉得，华为不上市就不透明，哪不透明呢？我们是员工集资，是一种新模式，也可能未来大多数企业会使用这种模式。这种模式和北欧有什么区别？没有区别。换句话而言，我们就是员工资本主义，没有大富翁。"这种不上市的坚持与员工价值共享的践行，使华为不为诸多外界因素所干扰，始终保持超强的团队凝聚力和市场战斗力。

二、以奋斗者为本，利润与结果挂钩

华为在股权开放过程中，并不是对所有人都采取"一刀切""吃大锅饭"的做法，而是根据个体工作结果去分配企业利润。在此过程中，华为奉行的基本原则是"以奋斗者为本"。如果员工不能主动进取去创造更优异的业绩，那么就不能获得更多奖金。

任正非在《能工巧匠是我们企业的宝贵财富》一文中指出："如果我们的利润不能再增长，我们的收入也就不能再增长。只有大家提高自己的效益，使自己的工作有效性和质量达到一个高标准，才有可能把大家的待遇提到一个高标准。因此我认为企业是要根据自己的效益来不断提高，去

改善员工的生活水平。"因此，华为围绕奋斗者，设计了虚拟饱和配股法，以此来提高人均效益。

2010年年初，华为首次公布年报，同时披露企业的股权结构：深圳市华为投资控股有限公司工会委员会持有华为98.58%股份，这部分被多达64.69%的华为员工通过工会委员会共同持有；任正非仅持股1.42%。至2020年，创始人任正非的个人持股比例甚至下调至0.88%。

华为希望将利润收益回报给真正的奋斗者，然后让一代一代的奋斗者延续华为精神并持续创造更多利润。因此，华为要求配股政策的执行者把握以下两点：一是让配股覆盖到真正的奋斗者身上，明确区分奋斗者和不奋斗者，优秀奋斗者与普通奋斗者；二是拒绝给惰怠者配股。

1. 让配股覆盖到真正的奋斗者身上

全员持股制的建立是为了吸引员工成为优秀员工，而不是搞形式化的奖励工程。所以，在配股的过程中，华为明确规定了配股资格要求。比如，哪些人应该获得配股或应该多配股。而员工虽然可以提交奋斗者申请，但是否能够被判定为"奋斗者"，仍然要看其在具体工作中的表现。

任正非在"如何与奋斗者分享利益"的讨论会上强调："我们这次提高了饱和配股的上限，其目的是，让优秀的奋斗者按他们的贡献获得更多的配股机会，这是一个大的战略，我非常担心这个战略落实不好。因为有使命感、努力贡献的人，不一定是乖孩子，华为的文件过去许多是管乖孩子的。如果这些努力贡献者没有得到利益，这是我们的战略失败。"任正非认为，公司不能按固有观念评价员工的成绩，而是要看员工的实际贡献，让真正的贡献者分享利益，"绝不让雷锋吃亏"，切实杜绝任何的投机行为。

为此，华为人力资源部将评价对象分成三类：普通劳动者、一般奋斗者和有成效的奋斗者。可以这么理解，奋斗是态度，有成效是能力。

（1）普通劳动者。华为将 12 级及以下员工划为普通劳动者。对于这类劳动者的待遇，华为按照法律、法规的相关报酬条款，在保障其利益的同时，根据企业经营状况给他们略高的待遇。

（2）一般奋斗者。这类奋斗者需要平衡家庭和工作的关系，并不是真正意义上的积极奋斗者。对于这类奋斗者，只要他们的贡献大于公司支付给他们的成本，华为就会给他们设置较普通劳动者更高的待遇。

（3）有成效的奋斗者。这一类奋斗者被判定为华为的中流砥柱，是华为最需要的人，他们有权以奖金和股票的方式分享公司的收益。

华为坚持公平、公正、客观的原则，以成果区分奋斗者，对他们进行系统评价，让那些真正为企业做出贡献的奋斗者匹配企业的利润和收益。如此一来，华为才真正拥有了一批时刻准备为公司冲锋陷阵的奋斗者。

2. 拒绝给惰怠者配股

华为认为，只有那些优秀的贡献者才有增股的资格。同时，华为也拒绝为惰怠者配股，坚决压制奋斗无效者的股权增长。

同时华为也规定，如果绩效好的员工违反了配股条款，但主管认为他是奋斗者，也就应该将其判断为奋斗者。任正非指出："惰怠就不给他评奋斗者，这是主管权力……个别案例事先与人力资源部沟通，谋定而动。如果认为这个人不该配，即使按照公司的条条框框他都合乎了，还是不应配，配了就是错误……如果你给错了人，就是伤害了公司的竞争力。你给错了人，就是支持惰怠。所以，我们希望基层干部要敢作敢为。"

从这一点也可以看出，华为的配股意图是非常明显的：给优秀的奋斗者饱和配股，给一般奋斗者限额配股，给不愿意奋斗者零配股。

华为资深顾问田涛曾经对华为"以奋斗者为本，向优秀员工倾斜"的分配原则进行了这样的评价："华为之所以20多年来没有因为分配问题而带来分裂和内讧，就是因为其体现了奋斗基础上的分配共享。一个人所得到的股权、奖金、工资，是基于他是否奋斗了，是否贡献了，是否给公司提供价值了，就是责任、贡献和牺牲精神。"

通过坚持"向优秀奋斗者倾斜"这一分配原则，华为留住了一批又一批卓有成效的奋斗者，并且不断通过积极的价值引导，使更多普通员工积极加入奋斗者的行列中，为华为凝聚了一股持续而强悍的战斗力。

三、积极进取，以合伙人制度绑定人心

在坚持不上市、利润向奋斗者倾斜的基础上，华为后来又设计了合伙人制度。如今，华为的合伙人制度得到了业界的广泛关注。这种模式为华为凝聚了各类优秀的人才，打造了强大的组织竞争力，因而被人们称为"当前最先进的合伙人操作模式"。那么，华为是如何建立健全合伙人制度的呢？

1. 重视选拔合伙人和价值观宣导

任正非认为，合伙人事业是通过卓有成效的奋斗者之间有效合作、相互协调，在和谐的氛围和良好的企业文化下实现的。所以华为必须通过加强对人才机制的研究和实践，在人才市场上直接招揽具备合伙人素质的奋斗者。为了让合伙人事业制在华为内部顺利发展下去，华为在员工招聘之初即开始进行华为价值观的宣导，使其深度认同华为的"合伙人事业"。

2015年10月11日，华为董事、高级副总裁陈黎芳在北京大学校园招

聘宣讲会上开门见山地说道：

"我今天来这里，是来找合伙人的，我们要一起去实现伟大的目标。华为将聚焦在基础网络设施，华为要做到世界最强，华为要做自己最擅长的事情，而且做到无可替代。只要我们继续坚持华为自己的核心价值观，以客户为中心，以奋斗者为本。我坚信，华为不会是下一个倒下的。"

华为在招聘宣讲时引入合伙人概念，就为应聘者打下了认同华为价值观的基础。一方面，华为告诉应聘者"我们需要的是合伙人，是一起艰苦奋斗干事业的人"；另一方面，华为也是在明确告知那些抱有雄心壮志的挑战者，"华为适合你们，并且绝对不会亏待你们"。通过这种方法，使得应聘者主动与华为建立关联，并在日后参与华为日常运营时，会心甘情愿地贡献自己的力量。

2.科学实施合伙人等级划分与权力分配

华为经营者在无数次实践中发现，并不是所有人都适合成为合伙人；即使成为合伙人，部分人的贡献也存在一定的差别。如果华为想要最大限度地调动大多数员工的积极性，又不挫伤最优秀奋斗者的进取心，那么最好的方式就是在合伙人中明确等级和权力的相对差异，实现责权利的统一。

在实践过程中，华为将合伙人分成了五个级别，即一级合伙人（原始股东或经股东大会决议从二级合伙人中提升出来的合伙人，拥有公司股权）、二级合伙人（华为的核心管理人员或技术骨干人才，以及业务骨干）、三级合伙人（部门主管）、四级合伙人、五级合伙人。其中，四级与五级合伙人的基本要求是一致的，即入职超过 6 个月，符合虚拟持股的基本制度要求。

而根据对企业贡献的大小，这五级合伙人所拥有的权力也是有差异的。比如，一级合伙人负责华为的管理决策，决定公司合伙人及选拔预备合伙人；二级合伙人享受年终分红，参与提名预备二级合伙人，奖励合伙人股份；三级合伙人只发放奖金，不奖励合伙人股份（实体股份）；四级合伙人与五级合伙人的权力与三级合伙人的权力比较类似。

在此基础上，华为对持股分配提出了更具体的要求：员工的持股额度应该根据才能、责任、贡献、工作态度、风险承诺等情况进行综合确定，从而形成优秀员工集体控股、骨干员工大量持股、低级员工适当参股的股权分配格局。

就这样，在等级严格、条理清晰的合伙人制度下，所有合伙人都能够清晰地看见自己的晋升方向与渠道，那些非合伙人也会坚信自己可以通过努力成为未来的合伙人。就这样，华为自然而然地建立起了一个集竞争、开放、约束于一体的价值共同体。

第三节　深淘滩，低作堰，不做"黑寡妇"

2008 年，任正非去了一趟四川都江堰。都江堰水利工程是两千多年前李冰父子留给后人的物质遗产。如今，与之同时代的巴比伦空中花园和罗马水渠早已消失，而中国的都江堰却仍可以灌溉使用。任正非深深地被这一治水工程以及李冰父子治堰古训中所蕴含的智慧所折服。他认为："深淘滩，低作堰"这套治堰原则的价值甚至远远超出治水本身，对华为的经营发展同样具有深刻的启示意义。自此，"深淘滩，低作堰"成为华为在激烈的市场竞争中遵循的一个生存法则。

一、解读"深淘滩，低作堰"

我们知道，通信行业的技术门槛高。当一个行业因为门槛高而导致利润很高时，就会有各种各样的资源惦记这块利润蛋糕，从而吸引更多、更强大的竞争对手进入这个领域，继而导致该领域原有企业的生存环境恶化。因此，华为坚持在一定利润水平的基础上去追求成长最大化。

事实证明，华为之所以能够获得今日的成功，恰恰是得益于任正非从"深淘滩，低作堰"中汲取的智慧，即深挖企业的内功——核心能力，同时，与行业相关者保持和谐的关系，打造良好的生存环境。对于这一战略原则与指导思想，华为上下进行了系统的贯彻与执行。

1.“深淘滩”的贯彻重点

对于“深淘滩”，任正非认为：“就是要确保增强核心竞争力的投入，确保对未来的投入，即使在金融危机时期也不动摇；同时不断地挖掘内部潜力，降低运作成本，为客户提供更有价值的服务。”

从主观上来看，“深淘滩”战略是为了深度满足各类客户的系统需求——因为华为的一切工作始终坚持以“为客户服务”为出发点。但是，从客观上来看，最终受益主体是华为，客户为华为提供了市场生存的机会。一般来说，如果企业不局限于自身盈利所需，而是竭尽所能助力客户创造更多价值，那么客户相对更乐意与企业达成更为长久的合作关系。

2.“低作堰”的贯彻重点

对于“低作堰”，任正非认为“就是要节制对利润的贪欲，不要因短期目标而牺牲长期目标，自己留存的利润少一些，多一些让利给客户，以及善待上游供应商”。简单地说，就是要求企业控制贪婪之心，“赚点小钱”即可。

对此，任正非进一步解释道：“我们不要太多钱，只留着必要的利润，只要利润能保证我们生存下去。把多的钱让出去，让给客户，让给合作伙伴，让给竞争对手，这样我们才会越来越强大。”这条战略原则指导着全体华为人以“让”的心态去管理客户关系，改善企业内部关系，优化商业生态环境，抢占市场制高点。因此，任正非才会说：“当全世界都在摇摆、都人心惶惶的时候，华为除了下面的人心惶惶以外，我们没有慌，我们还在改革。至少这些年你们还在涨工资，而且有的人可能涨得还很厉害。我们为什么能稳定？就是我们长期挣小钱。”

当然，这种“赚小钱”的战略原则在华为内部也曾受到过质疑。部分员工抱怨道："数年如一日地努力奋斗，但收入却不及买卖一套房产获得的收益多。"但是，为什么任正非在全球经济不景气的时候仍然坚持这种利润微薄的战略呢？

任正非是这样解释的："在超稳定的情况下，所有产品都是薄利，靠规模来取胜。现在我们有信心说，信息产业的方向是朝向传统产业发展，我们组织结构的改革方向是对的。很多员工会问薄利怎么能养活高工资？其实我们的交换机就卖得很便宜，卖得多，量大，利润就起来了。"

可以说，过度追求"利润最大化"实际上是在榨干企业的未来。"赚小钱"战略则在支撑着华为取得巨大经济回报的同时还实现了稳定发展，这是一种值得其他企业思考和借鉴的经营思路。

二、优化内部经营，提供高水平的服务输出

优质低价是华为的最佳竞争策略。为了将高质量带来的高成本大坑填平，华为必须"深淘滩"，通俗地讲就是修炼企业内功。

在这一点上，华为着力从两个方面入手：一是从客户需求的角度，优先满足或更好地满足客户的需求，并更多地让利于客户；二是从优化企业内部经营管理的角度，保障输出内容的高效、优质与稳定。

1.持续优化产品或服务，实现输出价值升级

华为在面向客户贯彻"深淘滩，低作堰"战略时，并不是单纯将追求"企业利润最大化"作为目标，而是站在客户的角度，深入体会客户的真实需求，优化产品或服务的质量与细节，持续提升产品或服务的输出价值，做好产品的升级迭代。

2011 年，华为研发团队提出了 Single 多频天线方案，围绕网络性能设计天线；

2012 年，华为推出全系列 Single 天线解决方案和业界首个 Beamforming AAU；

2013 年，华为率先推出 EasyNET 解决方案和 SBS 天线架构，引领天线行业；

2014 年，华为率先推出全球首款超宽频劈裂天线，开启了六扇区天线大规模商用时代；

2015 年，华为率先发布 G/D/P 系列平台和 AAU3961，解决了 4.5G 网络部署的天面瓶颈；

2016 年，华为率先推出实现 9 扇区劈裂天线、6 频 4.5G 天线，并率先完成 Massive MIMO 外场测试，实现了 5G 技术的开端。

2014—2016 年，华为凭借在天线领域的创新，连续 4 次获得全球通信商业 (GTB) 大奖。

针对产品线的不断创新，任正非特别强调："我不主张产品线和区域结合得太紧密。结合太紧密的结果，就是满足了低端客户的需求。因为区域所反映上来的不是未来需求，而是眼前的小需求，会牵制华为的战略方向。"也就是说，在设计产品与服务输出时，要综合考虑现实需求并科学规划需求实现的时间点。

2. 优化日常经营流程与机制，实现降本增质

为了保障企业输出内容的"质量优，成本低，服务好"，华为选择了"向内控制成本"的做法。比如，华为基于主要业务流程，建立了三大管

理系统，并持续对其进行规范与升级优化，控制企业运作成本，提高向客户输出的过程效率，并从根本上确保客户的满意度。

在业务流程上，华为建立了 IPD（产品集成开发）、LTC（机会至收款）、ITR（售后）三大主业务流程。其中，IPD 是以客户需求作为产品开发的起点，由跨职能团队去落实工作任务，然后通过市场规划、产品开发和技术开发三大流程来系统满足客户需求。LTC 是对从线索至回款这个过程进行系统管理的"端到端"流程，主要包括线索管理、项目立项、标书准备、投标、谈判、合同评审、合同签订、工作交接 8 个节点。ITR 是针对客户反馈内容来解决问题。

华为的流程理论认为，如果在企业运营管理过程中按 IPD 流程输出产品，按 LTC 流程实施交付，再用 ITR 流程高效地关闭在此过程中遇到的各类问题，那么最终便会相对容易地实现"让客户满意"的目标。华为把上述三大业务流程密切而有序地关联在一起，形成了一套科学规范的运作系统，并有效地推进着企业日常经营的升级与优化。

三、坚持"让利与共赢"，打造行业生态圈

对于"低作堰"，华为将重点放在让利和协力共赢上。2010 年 8 月 6 日，任正非在华为 PSST 体系干部大会上着力强调了华为未来"共建行业繁荣"的商业经营理念。2020 年 9 月 23 日，华为轮值董事长郭平在"'5 机'协同，共创行业新价值"的演讲中进一步阐释了华为对行业合作的态度："我们看到 ICT 产业正面临巨大的发展机会，政府和企业全面进入数字化和智能化，华为希望能和伙伴一起开创新篇章。'5 机'协同带来的不仅仅是华为的机会，更是全行业的机会，希望与伙伴一起共同做大蛋糕，

让伙伴们成为新价值链上的最大获益者。"可见，华为在商业伙伴关系管理上的合作姿态是非常明确的。

1. 不做"黑寡妇"

说到这里，顺便说说华为早年的一个趣闻：传说，华为早年被称作"黑寡妇"。"黑寡妇"指的是拉丁美洲当地产的一种蜘蛛，这种蜘蛛在交配成功后，雌性蜘蛛会将雄性蜘蛛作为孵化幼蜘蛛的营养品吃掉。

华为早年在与其他企业合作一个阶段之后，往往会将这些小型企业吞并；也可能是因为合作企业无法紧跟华为前进的步伐，从而使华为停止与该企业的合作。但是，华为在成长过程中逐渐意识到：这是一种缺少远见、缺少大局观的企业战略模式。事实上，那些眼光长远的企业并不致力于消灭竞争对手，而是自主建立一支颇有实力的企业队伍，共同创造更大的发展空间。

2. 优势互补，共同发展

基于开放原则，华为设计了一种特别的商业战略——与通信代理商、分销商、竞争对手等形成同盟，弥补自身的短板，获取更多服务机会，同时也更有力地抵抗来自国际市场的多变因素。对此，任正非用了一个形象的比喻："有时候我的汽车没油了，我就蹭他的车坐一坐，总比我走路好，总比我骑毛驴好。"

在 2014 年年初，华为与世界软件巨头 SAP（思爱普）签署了全球战略合作伙伴协议。次年，两家公司共同宣布扩展全球合作业务，将业务范围扩展至工业 4.0 等多个领域，并在华为总部成立了联合创新中心。

2016 年 2 月 16 日，华为在北京、伦敦同时召开"2016 世界移动大会华为沟通会"。"共建全联接世界"是华为在此次大会上发布报告的主题。

2017 年，华为在日本东京建立研发中心，与日本企业携手合作，一起开发物联网、5G 无线网络技术。

华为董事、战略研究院院长徐文伟表示："华为将坚持开放平台能力，使能运营商，构建开放、合作、共赢的产业生态。"这种协力共建的战略举措，为华为进军国际市场创造了更多的机会，并更快地推动了华为实现业绩与利润的同增长。

3. 向伙伴让利，多方共赢

在谈及价格定位时，华为始终坚持一点：不打价格战，不扰乱市场秩序；要让利于友商，甚至为友商留出一部分市场份额来。实际上，对同盟军们给予最恰当的让利与关照，这便是华为在利益分配上对"低作堰"战略的有效践行。

任正非还说："多余的'水'留给客户，客户和供应商就可以养更多的'鱼'，从而赚取更多的利润。客户的利益链保证了，华为就有赚不完的钱。"这便是任正非倡导的"低作堰"战略原则，也是让华为与外界伙伴之间实现合作共赢并系统打造行业生态圈的关键所在。

如今，华为与同盟军都已成为走在行业前列的优秀企业。从实践结果来看，华为的"低作堰"战略原则，既保护着同盟军，也保护着自己；既帮助了同盟军，也帮助了自己。

第四节　重视盈利，更重视对社会责任的践行

如今的华为，其存在已经超乎普通企业的概念，如马云所言，经济体和普通公司之间存有差别，普通公司以考虑自己的利益为主，经济体除此之外，还要担当社会责任。这种差别不是规模上的差别，也不是利润上的差别，而是担当和责任的差别。按照这一说法，华为更应被称为"经济体"。华为认为其存在的终极目的是服务好整个生态圈和全社会，而企业盈利则会随着生态繁荣和社会进步自然到来。

一、退伍军人为华为奠定独特的基本调性

说起华为的这种重视社会责任的基本调性，势必要先从其创始人说起。

一般而言，一个人的成长历程会对他的行事风格产生极大的影响，而一个企业创始人的人生经历则会影响到这个企业的形象基调。今天世人看到的华为，不争浮名虚利，这在很大程度上是受到其创始人任正非的影响。

1967 年，任正非大学毕业；1968 年，任正非应征入伍，成为一名解放军战士；1982 年，任正非以副团长的职务完成了干部转业。

当时，国际环境中的大国博弈非常激烈，美国和苏联之间虽然并未发生直接的军事冲突，但在各自全球战略扩张的过程中，又都不断完善和发展着本国的军事技术力量。而科技强军时代的到来，必然需要借助科技力

量。任正非在大学期间主攻技术专业，而军队当时正好缺少技术人才，所以，他顺理成章地成为基建工程兵中的一位佼佼者。那是一段长达 14 年的军旅时光，也是任正非认为最美好的人生阶段。

在被问及缘何放弃进工厂的机会而去过艰苦的军队生活时，任正非回答说是为了"锻炼自己"。从他后期的商界成就来看，这四字箴言可以说是意义非凡：军队生活确实又苦又累，却能够修炼出最具男儿本色的坚强品质。曾经有人做过这样的社会调查：在广东省深圳市这个最早的经济特区当中，企业大腕们绝大多数都是转业军人出身。而任正非，便是十几年后这类人中最为出类拔萃的一位。

任正非在军队中的作用，在他还是新兵时就已经充分显露出来了。当时，他掌握着军队中至关重要的工程技术，地位自然高于普通新兵。他所属的部队是成立于 1966 年的基建工程兵部队，该部队是解放军体系中新成长起来的一个新兵种，在国家基本工程建设和国防施工布局方面被人们广为认可。

任正非所在的工程兵部队很快就参与了一项规模庞大的军事工程建设任务，这项工程的代号叫"011"。早在抗日战争时期，西南地区的战略意义已经非常明显。中华人民共和国成立后，政府已然清晰地认识到：在这片土地上兴建一座大型兵工厂，增强新时期的国防实力，已是迫在眉睫的事情了。因而，政府选调各地的精兵强将，力求完成这一艰巨的任务。参与此次建设活动的任正非及其战友们接到的直接命令，就是建立起成规模的军用飞机和航空发动机制造工厂。

在兴建兵工厂的过程中，任正非还获得了一种特别的赞誉——具有比较突出的思想觉悟和文化素养。他对毛泽东的著作了然于胸，战友和领导们纷纷称赞他的学习精神。经过这次军事工程的建设任务，任正非更是深刻地感受到了团队合作的力量和身处组织之中的重要性，这些都为他日后创建华为团队打下了思想基础。

任正非在军队中曾获得过一次"学毛著标兵"的口头表扬。除此之外，他再没有得到过任何实质性的奖励。他曾说："无论我如何努力，一切立功、受奖的机会均与我无缘。在我领导的集体中，战士们立三等功、二等功、集体二等功，几乎每年都有一大批，而唯我这个领导者从未受过嘉奖。但是，我已经习惯了我不应该得奖的平静生活，这也培养了我今天不争荣誉的心理素质。"是的，也许正是当年的这些遗憾让他养成了淡泊名利、宠辱不惊的心态。

可以说，任正非这一时期的军旅生活，锻造了他此生最为重要的性格品质，也为后来的华为奠定了独特的企业基调。

二、面对艰难，勇往直前，切实履行职责

"不惧危险，勇往直前，服务客户，履行己责"，华为的这些品质标签早已为世人皆知。事实上，在很多危急时刻，华为人都能表现出非一般的责任担当——无论是团队还是个人，无论是在亚洲还是在非洲，人们总能够看到华为人在各个业务区里全力保障通信顺畅的身影。有时候，他们甚至还会赶在客户之前做出快速反应。

2011年3月11日，日本东北部海域发生里氏9.0级地震，并引发了海啸。不久，福岛核电站发生爆炸事故。当时的情况十分紧急，部分服务商立刻撤到了大阪地区，而华为驻日本代表处的工作人员却一直坚守在自

己的岗位上。后来，华为董事长孙亚芳甚至亲自到华为驻日本代表处进行慰问。对此，客户非常吃惊，不由得感叹道："别的服务商都紧跑慢跑地逃走了，没想到华为的董事长竟然还亲自来现场慰问！"

同年，一次大型洪灾席卷了半个泰国，导致各大运营商的站点和机房都受到了严重的损失，通信一度受阻。洪灾发生后，华为地区部迅速组建了"防洪应急指挥组"，并在第一时间向各个客户递交了网络保障建议书。负责 AIS 网络保障的工程师在接到客户的紧急求助电话之后，立刻连夜驱车，在半夜时分抵达数百千米以外的目的地。让人始料未及的是，当时机房附近的积水已深达 1 米。由于没有船只可以借用，工程师们不得不冒险涉水 30 分钟，这才抵达机房所在位置。随后，工程师们迅速而有序地组织机房和设备搬迁工作，全面保障了该地区 40 多万用户的通信正常与通信安全。

另一次生死相交发生在塞拉利昂。2014 年 7 月，埃博拉病毒在塞拉利昂出现，由于对疫情的恐慌，很多外国人开始撤离。塞拉利昂的运营商全网使用的都是某友商的设备。8 月底，该友商的非洲驻守人员以"个人人权决定"为由全部撤离，客户方的 CEO（首席执行官）对此非常不满，却意外发现华为人依然在坚守，于是他致电华为在该地区的代表处负责人，让他们搬走了友商的全部设备。9 月初，客户方的 CEO 说服了董事会，让华为在二期扩容的方案上加上全网搬迁方案，双方从此开始建立良好的合作关系。华为本次的坚守，使其在满足客户的需求与速度上丝毫没有受到疫情影响，与客户肝胆相照，共同进退，最终赢得了客户的信任和尊重。

在各种危机面前，华为人始终不畏艰险，坚持履行己责，为企业、为客户提供从始至终的服务。这些行为对于华为来说，并非为了追名逐利，而是发自内心、自然而为的行动。

关于救灾工作，任正非认为无须故意宣传："抗震救灾、资助教育……这些东西在《华为人》报或外部媒体上发个花絮就可以了。"实际上，任正非想要强调的是：不能因投入企业资源参与救灾工作而忘记自己的本分，企业与社会之间实则是一个价值共同体和命运共同体，华为上下齐心协力地为客户和社会服务，这仅仅是华为的职责所在。

三、积极回馈社会，彰显企业的使命担当

现代管理学之父彼得·德鲁克曾指出："所有各种机构的管理当局都要对它们的副产品，即它们的合法活动对人以及对物质环境和社会环境的影响负责。人们日益期望这些管理当局能够预见并解决各种社会问题。他们必须深入考虑和制定企业与政府相互关系方面的新政策。"任何社会型组织包括企业在内，都是不能脱离社会而独立存在的。因此，任何组织都应承担好自己的社会责任（不仅限于就业、环保、救灾等方面），履行企业与企业家的使命担当，积极地回馈社会，为人类社会的进步与发展做出杰出的贡献。

"日本经营之圣"稻盛和夫曾说过："企业经营的首要目的是实现员工的幸福生活，但是，如果仅仅如此的话，那将是为某一个企业牟利的自私行为。作为社会的公器，企业有着为世界、为人类尽力的责任和义务。"稻盛和夫创立了一个国际性奖项——京都奖，人们称这一奖项为"东方诺贝尔奖"。每年 11 月 10 日，这个项目组织都会表彰在科学和文明的发展、人类精神的深化与提高方面做出显著贡献的人士，在尖端技术、基础科学、思想·艺术这三个部门各颁发一个奖项。

华为在社会公益方面的表现非常优秀，但是却因华为本身的低调而使得社会对其知道得甚少。这里罗列一小部分事例，以飨读者。

深入重灾区抢修通信设备，为恢复通信而日夜战斗。2008 年四川汶川发生地震。在灾区前线，据不完全统计，华为发出的无线、固定、传输、数据、终端和配套通信设备等各类救灾设备，总价值共计一亿多元。华为不但将救灾设备送达灾区，还亲自建成。此外，华为还以公司名义向四川汶川灾区捐赠了 500 万元，华为的员工共捐款 2500 万元。

在尼日利亚为孤儿举行迎圣诞慈善活动。2013 年 12 月 15 日，华为与尼日利亚的社会公益组织——"浓情"基金会在首都阿布贾联合举办了"快乐圣诞节"的慈善活动。华为西非地区部副总裁高翔、基金会首席执行官基法希女士连同尼日利亚社会各界人士及 300 余名孤儿和社会弱势群体代表参加了活动。

向津巴布韦高校捐赠基站设备。2019 年 5 月 17 日，华为向津巴布韦大学捐赠了 1 台价值 9.8 万美元的基站设备。该设备将被用于该校通信专业的教学、实验和研究。

资助中国大学生竞赛公益项目。这是华为发起的针对中国内地高校的公益项目，向符合要求的高校校内学术竞赛项目提供资助，旨在鼓励年轻人弘扬正能量。华为计划通过竞赛资助的方式，帮助全国 800 余所公办全日制普通高等学校提升学术竞赛水平，增强学生的科研兴趣，传播科学正能量，鼓励青年人努力奋斗，创造价值。每所高校的配比资金约为人民币 25 万元 / 年，总捐赠金额至今未曾公开过。

启动在中东、欧洲地区的"一千个梦想（One Thousand Dreams）"公益项目。2019 年 4 月 12 日，在克罗地亚举办的"中国—中东欧国家经贸论坛"期间，华为正式宣布启动"一千个梦想"公益项目。该项目计划在未来五年，为中东、欧洲 16 个国家（波兰、爱沙尼亚、拉脱维亚、立陶宛、罗马尼亚、保加利亚、匈牙利、捷克、斯洛伐克、斯洛文尼亚、塞尔维亚、克罗地亚、波黑、黑山、马其顿和阿尔巴尼亚）培养共计 1000 名 ICT 人才，每国捐赠 1000 本图书给大学图书馆，每国捐赠 1000 个玩具给儿童医院。作为华为在中东、欧洲地区的旗舰型公益项目，此项目计划提供一个长期的、持续性的平台给中东、欧洲地区青年，激发青年投身 ICT 领域，帮助国家构建未来智能社会。

捐赠资金、电子设备，保障网络全覆盖。2020 年，华为向武汉疫区捐出用于疫情防控的资金 3000 万元。同时，华为捐赠了建造火神山医院所需的 80% 的网络通信设备，包括 5G 终端、显示屏、视频会议终端等电子设备。相关建设人员赶赴武汉推进 5G 基础设施建设，并组建了特别情况组，为武汉市民的通信与医疗人员的信息传输保驾护航。

面对各种灾难、危机，华为从来不袖手旁观，而是始终勇敢地冲在前面，在公益慈善领域以多种方式做出了卓越的贡献。然而，因为华为处事非常低调，"做好事不留名"、不利用公益做广告宣传，使得社会大众知其者甚寡，甚至招致部分极端分子的网络谩骂，但是华为仍然一如既往，勇往直前。

同时，华为在回馈社会时，也非常注意与自身业务相结合，从"授人以鱼"实现了"授人以渔"。比如，在人才培养方面，华为既资助了学生的学业，同时也为企业和社会的未来发展进行了优秀人才资源储备。

从华为身上我们看到：个人不能脱离社会型组织而成为英雄，企业也不能脱离社会而独立存在。唯有企业内部团结互助，行业内让利共赢，打造命运共同体，承担好自己的社会责任，维护全社会的和谐状态，才能成功推进个体、企业和社会的持续向前发展。

—— 华为启示录二 ——

我个人谈不上伟大，我是个普通人，我自己什么都不懂，也什么都不会。我就懂一桶糨糊，将这种糨糊倒在华为人身上，将十几万人粘在一起，朝着一个大的方向拼死命努力。

——任正非

◆ "胜则举杯相庆，败则拼死相救"，团队 "力出一孔，利出一孔"，荣辱与共，形成每一位个体融合到 "命运共同体" 中的最大合力，是企业不倒与持续发展的根本所在。

◆ 对大多数企业适用的，对自己企业不一定适用。作为高科技企业，华为主要精力在管理经营，不在资本经营。坚持不上市使华为不为诸多外部因素力量所干扰，通过 "以奋斗者为本，向优秀员工倾斜" 的分配原则及合伙人制度，华为践行与员工价值共享，绑定人心，持续保持团队凝聚力与市场战斗力。

◆ "深淘滩，低作堰"。企业宜内外兼修，内则聚焦核心优势，修炼竞争实力；外则竞合共赢，坚持 "让利与共赢"，携手友商打造行业生态圈。

◆ 企业重于盈利，而经济体在乎责任。作为经济体的华为认为企业盈利往往是从利他行为开始，其存在的终极目的是服务好整个生态圈和全社会，而盈利则会随着生态繁荣与社会进步自然到来。

第三章
以客户为中心，逆向构建组织模式

　　西方国家认为，最重要的是管理而不是技术；但在我国，很多人认为最重要的是技术。因此，国内重技术轻管理、重技术轻客户需求的现象比较普遍。但我们似乎忽略了，主宰世界的是客户需求。

　　我希望大家改变思维方式，要做工程商人，多一些商人味道，而不仅仅是工程师。要完成从"以技术为中心"向"以客户为中心"转变的伟大变革。

　　客户需要的是一个综合解决方案，它可以是华为做得好的东西，也可以包括华为从外面买进来的东西，前提是只要满足其需求。因此，公司提出了运营商解决方案、企业解决方案和消费者解决方案的概念，以这3个解决方案来引领研发的变革，这就是"以客户为中心"的研发变革。

——任正非

第一节　追溯华为组织结构的变迁历程

有人说，华为的发展史就是一部波澜壮阔的组织变革史。之所以这样说，是因为华为一直在调整战略，并随着战略变化持续探索更好的组织结构。这一发展过程也使得华为面向客户的组织运作越来越高效，从而能够更好地达成企业战略目标。

一、组织革新，从混乱无序开始

华为创立初期，主要倾向于人本管理模式。这种模式以人为中心，强调人在企业中的重要地位。华为所处的行业环境非常强调个体创新力，并且华为本身又非常重视个体的能动性和自觉性，所以，华为最初的管理模式带有一定程度的人本色彩。

不可否认，这种相当放松的组织状态对于创业型企业和创新型企业是比较适合的。但是在实践中，华为慢慢发现了这种管理模式存在的不足之处，即人本管理模式会使企业内部陷入无组织的混乱状态。事实上，这也是华为早期在组织管理模式方面存在的典型问题。

为了规避这类问题，华为开始尝试新的组织管理模式。华为瞄准了一系列可能制约组织发展的因素，不断地进行着组织形态探索。

1. 职能型组织形态

华为组织变革的第一阶段是 1991—1995 年。自 1991 年开始，华为逐渐结束了混沌状态，开始采用简单的直线职能型组织管理模式，该模式以职能分工明确为其典型特征。华为希望通过这样的组织管理模式实现规范化管理。

当时，每个华为人都在努力做好自己的手头工作，但是存在各自为政的情况。比如，产品设计人员埋头设计而不顾后续生产事宜，各部门每个员工只知道完成自己的本职工作，而不懂得相互协作和顾大局，致使项目成本畸高，完成项目的质量低下，等等。这类情况导致华为的产品问题缺陷非常多，"救火"动作频繁，企业成本被极大抬高。据不完全统计，华为当时有高达30%的收入被用在"救火"上。

2. 弱矩阵型项目组织形态

1996—2003年，是华为的组织形态开始向弱矩阵型组织模式过渡的阶段。在这个阶段，华为开始在组织机构中设置职能经理岗位，有计划、分步骤地实施组织管理，项目管理模式在此阶段初见雏形。在项目实施过程中，职能经理全面负责整个项目工作的组织安排，为本部门的工作事务做出关键决策并承担关键责任，这一举措使华为的业务拓展速度和质量水平都得到了很大的提高。

3. 强矩阵型项目组织形态

从2004年开始，华为开始打破职能组织结构形态，建立了跨部门的强矩阵组织形态。在这种组织模式下，项目经理在任务管理中发挥主要的、直接的作用，组员完全代表相应的职能部门行使权力，两者在项目中承担主要责任，并行使对等权力。职能经理则对新建立的临时部门提供大力支持，而不是干预、决策。这一实践使华为在全球市场范围的竞争力得到了极大的提升。

二、过度确认，必使权责担当不力

在上述组织形态探索过程中，华为开始重视项目确认与协调环节，以此增强对项目行为结果的可控程度。

毫无疑问，"层层确认和协调"的实践大大提高了组织行为结果的可控性。但是，当这种控制效果达到一定程度后，又衍生出一个新的问题：人们开始追逐"确认和协调"，甚至变得胆小——人们不敢自己去为某件事拍板承担责任了。

一次，一位友商伙伴曾因此类事情抱怨道："讨论一件事情，前前后后花了三天时间，华为的主管搞了一堆汇报计划往上交，最后却连个确认结果都没有。"这就是华为在实施等级管理过程中出现的问题：采取了大量的确认和协调动作，但是却将责任推到自己的上一级领导那里。于是，原本以规范管理和强化结果控制为目标的组织变革，反而非常极端化地演变成为企业发展的束缚。

在很多企业中，企业经营者常常在集权与授权之间犹豫不决，既担心集权带来组织运作不灵活，又担心放权后导致组织失控。那么，什么样的组织管理模式才能解决这些问题呢？为此，华为开始再次探索有助于保障产品输出结果的组织结构形态。

三、搭建网状结构，系统整合资源

矩阵型组织管理模式并不是华为组织形态探索的终点。再后来，华为建立起了一种新的组织管理模式——网状组织，以便后方平台服务一线，融合应用、协同执行。这种网状组织的直接体现是"铁三角"模式。

2006年，华为提出响应客户管理优化组织，加强客户群系统建设。到2007年以后，华为开始主张"让听得见炮火的人去做决策"，提出重装旅、陆战队、前端综合化、后端专业化等概念。华为处于前线各个地区的代表处为实现价值目标，形成以客户经理、交付专家和解决方案专家三位一体的"铁三角"模式。

"铁三角"之间之所以能够实现顺利的沟通和畅快的合作，主要依托于设置在华为总部为一线服务的后方平台，为"铁三角"提供充足的技术、数据以及人员支持。一般而言，一线人员要想实现项目目标，必须满足"技术"和"日常活动"两大需求；而行政后勤人员要对一线员工的日常活动需求予以全力支持，以保证他们把精力放在技术方面，安心投入工作，免受其他干扰。

为了更好地发挥网状组织形态的效力，华为非常重视对资源的系统整合。华为副董事长兼轮值CEO胡厚崑曾公开指出，华为认为在当下的商业大环境下，应该让"全球化"与"本地化"相结合，使资本、物资、信息在全球范围内实现更便捷的流动，帮助本地创造、发挥出全球价值。具体而言，企业要关注本地化需求，提供一系列差异化产品和服务，以此确保自己在全球范围内取得的成功能够延伸至本地市场。同时，那些具有本地化属性的文化、产品、服务，也应在短时间内实现全球化运营。胡厚崑曾说过："'本地化'不仅仅意味着本地雇用、本地纳税和提供适合本地需求的产品。更高层次的'本地化'应该是通过与本地优秀企业进行产业分工合作，将他们的创新能力整合到华为的全球价值链中，并通过这个价值链将本地的创新成果推广到全球，使本地创造真正发挥出全球价值。"

在全球化与本地化的资源整合过程中，华为做出了很多实践和探索。比如，华为在全球各地建立了 16 个研究所、28 个联合创新中心和 40 多个专业能力中心；与全球数百家合作伙伴实现紧密合作，围绕价值链打造出一个全球化平台。同时，华为还在与全球优秀公司合作时对合作伙伴进行整合，使自身和合作伙伴也得到了良性的业务发展。这种系统的资源整合使得华为的网状组织机构得以更好地发挥组织效力。

第二节　权力下沉一线，让听得见炮声的人去做决策

既然说华为能取得今日之成功，与其网状组织形态建设有很大的关联。那么，接下来，我们将进一步论述华为的这一网状组织形态建设实践。

一、以铁三角为作战单元，一线指挥后方

2009 年，针对华为内部管理面临的组织僵化问题，任正非一直在进行深刻的反思。他在销服体系奋斗颁奖大会上说："我们后方配备的先进设备、优质资源，应该在前线一发现目标和机会时就能及时发挥作用，提供有效的支持，而不是拥有资源的人来指挥战争、拥兵自重。谁来呼唤炮火，应该让听得见炮声的人来决策。"正是在这样的不断探索中，华为的"铁三角"模式诞生了，也就是我们在前文提到的网状组织的直接体现。

在实践中，华为的"铁三角"构成体系包含两个类型，一是系统部"铁三角"组织，二是项目"铁三角"团队。系统部"铁三角"组织是项

目"铁三角"各角色资源的来源以及项目"铁三角"业务能力的建设平台，而基于项目的"铁三角"团队则是代表华为直接面向客户的最基本组织以及一线的经营作战单元，是华为"铁三角"的核心构成。

追溯起来，华为的"铁三角"组织雏形，最早出现之处应该是华为的苏丹代表处。2006年8月，华为苏丹代表处在一次投标活动中失败。由于其一直处于业务快速增长状态，这一结果在很大程度上刺激了华为苏丹代表处的领导干部们。经过认真总结，大家发现这次投标失败的主要原因包括：①部门存在各自为政的现象，沟通不畅，信息不共享，导致对客户的承诺不一致；②在实际接触中，客户与项目的接口较多，导致各部门效率不高且容易被动响应客户需求，等等。

为此，苏丹代表处决定打破各部门间的壁垒，重新调整为"以客户为中心"，组建面向特定客户（群）项目的管理团队，协同各部门实现客户接口归一，由此实现组织的高效运转，帮助客户实现商业成功。

具体来说，就是以项目为中心，以客户经理（AR）、解决方案经理（SR/SSR）、交付经理（FR）为核心，有针对性地组建项目管理团队。按照这一思路形成的一线作战单元，能够面对面地主动与客户对接，从而做到深入、准确、全面地了解客户的需求。人们将这种团队组建模式称为"铁三角"模式。

这种模式建立后，产生了非常好的效果。次年，华为苏丹办事处便借助"铁三角"模式获得了在塞内加尔的移动通信网络项目。

随后，华为开始在全公司推广并完善"铁三角"模式。为了实现"铁三角"模式的有效运作，客户经理、解决方案经理和交付经理要以客户为中心，依据各岗位职责来协调工作。

a.客户经理担任"铁三角"团队的第一责任人，解决方案经理和交付经理全力协同工作，三者组成一个三角形，任务目标一致，互相支持。

b."铁三角"团队与客户组织结构相匹配。团队成员要理解客户企业的组织结构、岗位职责权限和业务运作流程，尤其是要掌握流程上的关键客户。

c.做好角色转换工作。客户经理需要从销售员角色向经营者角色转变，解决方案经理需要从销售产品转为销售综合解决方案，交付经理需要从"完成项目交付"转变为"达成客户满意"。

d.为"铁三角"组织赋能。通过"让听得见炮声的人来呼唤炮火"来实现决策前移，提高决策的及时性和灵活性，以此快速响应客户需求，适应市场竞争。

e.作为独立经营单元运作。华为项目"铁三角"运作团队享有很多重要权利，包括经营管理、资源调配、重大事项决策、绩效目标管理、奖金分配等，以此确保"铁三角"模式能够切实发挥效用。

我们也可以用任正非的话来理解"铁三角"这一作战单元的作用："我们系统部的'铁三角'，其目的就是发现机会、咬住机会，将作战规划前移，呼唤与组织力量，完成目标。系统部里的三角关系，并不是一个三权分立的制约体系，而是紧紧抱在一起生死与共、聚焦客户需求的共同作战单元。它们的目的只有一个：满足客户需求，成就客户的理想。"

如今，"铁三角"模式在华为业务开展的各个领域、各个环节都已得到了广泛应用。

二、鼓励少将连长，精化前方作战组织

如何确保一线能够有效指挥后方，合理调度资源，实现组织效益的提升呢？这是一个非常重要的组织实践问题。为了解决这个问题，充分保证权力下沉的效果，华为创造性地提出了一个概念——"少将连长"。

事实上，任正非在很多讲话中都提到"少将连长"这个词。他说："少将有两种：一是少将同志当了连长；二是连长配了个少将衔。"任正非认为，只有鼓励大家都能专注于一线实战，企业才能真正拥有持久的战斗力。

在华为，"少将连长"通常以两种方式出现。一是将高级领导干部下放至一线，担任基层主管，带领一线团队一起冲锋陷阵，或去一线协调指挥重大项目，建立高层客户关系，建设商业生态环境，充分发挥经营干部的优势。二是提高一线人员的级别，破格提拔一线精英骨干人员，使其职级待遇都达到较高水平，从而鼓励更多优秀人才在一线长期奋斗，创造更大的客户价值。

在一些传统企业中，很多员工常常工作了七八年还未能得到晋升的机会。但在华为，一个奋斗 10 年的人才往往已经成为一名统管 4000 名研发工程师的管理者。这就是"少将连长"哲学在华为的真实呈现。

在一次干部工作会议上，任正非指出："我们要让具有少将能力的人去做连长。支持少将连长存在的基础，是你那儿必须有盈利……我们要从

有效益，能养高级别专家、干部的代表处开始改革，让优质资源向优质客户倾斜。只有从优质客户赚到更多的钱，才能提高优质队伍的级别配置。"任正非称，他不支持雷锋少将，因为雷锋是一种精神，不能作为一种机制。

实践证明，执行"少将连长"的授权制度，对企业而言是大有益处的。一个最为突出的表现就是能够强化人才金字塔底层能力，让具有少将能力的人去当连长，既可以锻炼其自身能力，又可以带领更多人奋斗。此外，华为强调对"少将连长"授权以后，大大精化了前方作战组织，压缩了后方机构规模，加强了战略机动部队的建设，从而大大增强了团队作战实力。

三、建立片联组织，形成强悍的作战群

除了在执行层面加强控制之外，华为还加大了在监督层面的控制，其中一个重要的实践就是建立片联组织。

所谓"片联"，意为片区联席会议。片联组织独立于企业的正常运营流程之外，与流程并联运作，主要发挥激活流程流动性的作用。

2013 年 7 月 19 日，任正非在华为内部会议上对"片联组织"的职责进行了重新定位：主要负责华为内部干部队伍的循环流动。对于片联组织的成员，华为做出了明确的要求："组织成员必须是具有资历、经验、威望的华为资深管理层人员。"

之所以要提出这样的人员资格要求，这与片联所担负的组织责任有着非常密切的关系。任正非希望华为能够以片联组织这种独特的形式，推动华为领导干部呈现"之"字形成长，能够从实践中选拔优秀管理层，进而从根本上解除地方主义和部门本位主义可能给企业带来的危害。

可以说，片联组织是华为在组织模式上的一次崭新探索和管理创新，它帮助华为更好地发现和选拔人才，拉动了人才的持续成长，盘活了企业的人力资源，有力地推动了内部领导干部的循环流动。

第三节　以客户满意为准绳，健全经营机制

企业作为一种营利性组织，企业经营者必须为客户提供满意的产品和服务，如此才能留住客户并获得盈利。因此，在企业价值评价体系方面，也应以客户需求满足结果为导向，这种模式在华为内部被称为"客户需求导向的人力资源管理模式"。

一、以客户的满意度作为评价依据

任正非曾多次强调，为客户服务是华为存在的唯一理由。所以，华为以客户满意度为标准，对一切行为的评价都是以客户的满意度为依据。

任正非认为，企业的绩效管理就相当于一个推拉机制，其作用在于推动员工积极主动地创造更多成果，而衡量员工成果的一个重要标准就是产出。不过，华为强调的"产出"与传统意义上所说的"产出"是有差别的。传统意义上的"产出"是指企业生产制造过程中形成的各种有价值的物品或劳务；而华为强调的"产出"是指"以产出为基准的组织绩效导向"。此"产出"具有更为宏观的意义，覆盖了各种创造客户价值的行为和结果。

为了确保实现客户满意，任正非在一次华为干部工作会议上向华为的

领导干部做出特别指示："要以科学的绩效评价指标作为标准，保证员工的绩效与内外部客户的价值相连，保证员工能够持续地为客户创造价值。"

因此，华为设计了一套非常独特的绩效评价标尺：唯有那些最终对客户产生贡献的绩效，才算是真正的绩效。围绕这个标尺，华为建立起了一套以产出为基准的组织绩效评价体系。在这套绩效评价体系下，华为人在工作时最先考虑的是客户的需求和企业的利益，在需要同事之间互相配合时并不会纠结于个人利益，因为华为人非常清楚一个道理：覆巢之下无完卵。唯有充分保证客户和企业的利益，员工个体才能有机会从中获益。

2021 年 1 月 21 日，品牌评级机构 ChnBrand 在官网发布了 2021 年中国顾客推荐度指数 SM（C-NPS®）手机推荐度排行榜，华为以 27.8 的得分继续位列榜单第一，苹果以 16.5 的得分位列第二。继华为手机获得中国顾客推荐度指数第一之后，华为笔记本电脑也在 2021 年首次实现反超，从上一年的第二名升至第一名，如图 3-1 所示。

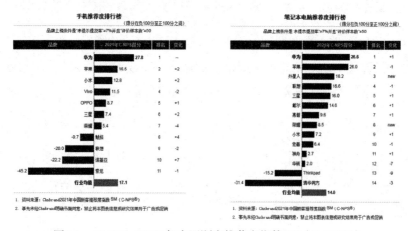

图3-1　ChnBrand 2021年中国顾客推荐度指数SM（C-NPS®）

二、眼睛盯着客户，屁股对着领导

任正非在 2008 年无线产品线奋斗大会上说："我们至今仍深深感谢那些宽容我们的幼稚、接受我们的缺陷、使我们能从一个幼儿成长到今天的客户。吃水不忘挖井人，永远不要忘记客户需求是我们的发展之魂。"所以，企业应以客户满意为准绳。但是，这件事说起来容易做起来难。比如，当企业与客户之间出现矛盾的时候，员工是应该看领导的脸色，还是盯着客户的需求呢？

一般而言，很多企业的员工出于自身发展的考虑，往往会选择看领导的脸色。但是，华为却希望员工能够"眼睛盯着客户，屁股对着领导"。在 2010 年的一次华为内部会议上，任正非指出："坚决提拔那些屁股对着领导，眼睛盯着客户的员工；坚决淘汰那些眼睛盯着老板，屁股对着客户的干部。前者是公司价值的创造者，后者是牟取个人私利的奴才。各级干部要有境界，下属屁股对着你，自己可能不舒服，但必须善待他们。"

在践行"屁股对着领导"这方面，任正非曾明文规定"禁止上司接受下属招待"，即便是有人开车到机场接他，都会被他痛骂一顿："客户才是你的衣食父母，你应该把时间力气放在客户身上！"他已经 70 多岁，仍然坚持自己开车，而不配置专职驾驶员。再比如，华为还有个不成文的规定：与下属吃饭时，可以采取 AA 制或由领导请客，但绝不允许"下属请客，领导白吃饭"这种情况出现。

这些仅仅是华为人"屁股对着领导"的一方面。真正让人赞赏的，还是华为为客户提供的一流服务——华为真正做到了"眼睛盯着客户"。

国际上一些较大的通信设备企业一般比较喜欢耍大牌，不愿意配合客户要求去量身定做产品，一般派三四个工程师到客户那里驻点就算是很高规格的配合了。但是，华为却可以配置一个多达十几人的团队，与客户一起讨论、研发出最适合客户需求的产品。更难得的是，华为的产品一旦出现问题，即便是南极雪原、东非大裂谷，华为人也会在接到求助电话后立刻派工程师赶赴现场，快速解决问题。相比之下，其他企业常常为了节省成本而选择远程视频控制。从这一点上，我们也能清楚地看到华为在对待客户方面的与众不同。

不过，"眼睛盯着客户"并不意味着要一切围着客户转，整天向客户摇尾乞怜。华为一位高管这样阐述了他对"以客户为中心"的理解："以客户为中心，并不是成天向客户点头哈腰，而是忠实于网络的责任感，完成自己的本职工作。我们首先要充分感知客户的需求，在此基础上予以最大限度的满足。客户使用我们的设备建网络，我们理所当然地要及时、准确、优质、低成本地交付，并提供最好的服务。而当地震、战乱等极端困难发生时，我们只能与客户共渡难关，因为这时候网络最容易出问题。"

也就是说，华为的"以客户为中心"并不是盲目奉承客户，而是有原则地尊重客户。或者说，重视客户的需求，但绝不盲目听从客户的要求；通过客户对需求的直接描述，去深度挖掘客户的真正痛点，切实解决客户最需要解决的问题。

三、对准客户目标，全面打通大平台

前文已有论述，在华为，呼唤炮火的前线采用的是"铁三角"模式，由一线指挥后方，那么，我们想问："一切为了前线、一切为了业务服务、一切为了胜利"的后方又是怎样的呢？

任正非强调："基层作战单元在授权范围内，有权力直接呼唤炮火。同时，后方变成系统支持力量，必须及时、有效地提供支持与服务，以及分析监控。公司机关不要轻言总部，机关不代表总部，更不代表公司，机关是后方，必须对前方支持与服务，不能颐指气使。"

为了给一线做好支持与服务，落实"以后方平台服务一线"的运营机制，华为建立了董事会及专业委员会、华为人力资源委员会、战略与发展委员会等管理平台，以及技术研发平台、中试平台、制造平台、采购平台、营销平台、资源平台、融资平台、服务平台、管理平台、数据平台等。在这些平台上，有组织文化、战略方向、组织结构、流程管理、管理体系、管理模板、管理工具、衡量方法、求助体系、激励约束，这些共同构成了一个体系，即所谓的"大平台"。

华为通过全面打通这些前、后方平台，促使企业真正协同运作和高效执行起来，最终保证了客户目标的实现与成果输出。

以华为的行政服务平台为例，华为的行政团队主要负责两方面工作，一是日常事务方面，主要涉及接待、会议、会展、文档、车辆调配、协调、资产等方面；二是为一线业务提供支持方面，主要负责为外派工作人

员的生活和办公提供一系列可靠、安全、必要的资源。比如，华为每次在国外投标或项目实施之前，都会有专门的行政团队预先为一线人员安排好行程和日常起居等事宜，做好后勤保障工作，确保一线作战单元能够心无旁骛地投入工作。

2010 年 8 月，任正非曾在华为 PSST 体系干部大会上强调，未来的竞争是平台竞争，华为必须加大对平台的投入，由此构建明天的胜利。他指出："华为的发展需要大的平台，华为现在强调做管道，未来的管道数据流会越来越大，数据泛滥就像电影《2012》中的洪水一样，面对直径像太平洋一样粗的数据管道，如何建起一个平台来支撑这个模型？大家都想想看，这不就是我们的市场空间和机会吗？我们要抓住这个机会，就一定要加大对平台的投入，确保竞争优势。我希望把深圳建成一个平台研发机构，而把一些产品研发机构迁到研究所去。我们一定要在平台建设上有更多的前瞻性，以构筑长期的胜利。但研发现在对平台的投入还不足，投入不足的原因是我们的管理水平，不知道往哪里投钱，如果我们不能把钱很好地花出去，说明没本事。"

当然，在以后方平台服务一线、支持一线多打粮的过程中，华为也会综合考虑成本、产出等多重因素，找到其平衡点，做到既绑定客户，保证组织效率，又控制成本浪费。

有人说，华为的成功得益于打通了这个客户服务导向的大平台。任正非在 2016 年华为人力资源工作汇报会上指出，一个企业，当它能够在内部形成社会平台组织的时候，它的组织就缩小了，效率也就提升上去了，成功也就不远了。所以，围绕企业组织战略来搭建组织结构和经营机制，开展日常工作，这一企业经营管理思路是值得其他企业学习和借鉴的。

第四节　科学把控授权效果，提升授权价值

对于企业来说，组织模式与经营机制的设计如同一个框架，而要想让这个框架真正灵动起来，则需要各层级、各节点切实发挥自己的动能。这种动能的发挥在实践中就是授权，即让各层级、各节点的个体具备完成任务所需具备的权力，保证过程与结果的可控。

一、先分权再授权，把握基本授权原则

任正非曾说："一个优秀的士兵，应该听从将军的领导，但打起仗来，将军不在身旁怎么办？凡事都要看情况，企业也一样，员工没必要事事都请示。"也就是说，企业经营者一定要立足企业的长远发展，做好授权工作，保障组织运作的灵活与顺畅。在授权过程中，授权者应坚持"分权与授权""用人不疑，疑人不用"的原则，以此保障授权的可控性。

1. 规划分权与授权

2009 年，华为开展了一场关于组织结构和人力资源管理机制的大变革。这场变革主要围绕一个重点展开，即打破过去存在的管理决策集中且滞后的问题，采用"先分权再授权"的模式，加快企业决策与行为反应的速度，真正提高员工行为的主动性。

华为之所以会采取这一设计，主要是因为其在管理实践中曾经遇到过的一道难题。原来，随着华为体量的持续增大，其决策机构逐渐远离业务

一线；而为了更有效地控制企业运营的各方面风险，华为不得不在流程上设置了诸多控制节点。但即便如此，因对各节点的授权力度不够，仍然使华为出现了一定程度的官僚主义及教条主义作风问题。很多工作人员寻找工作目标、确定市场机会以及机会转化的时间往往只用了一小部分，却花费了大量的时间与后方大平台进行频繁的沟通协调。换句话说，随着市场规模的扩大，企业内部的管理线越拉越长，企业对市场机会的把握却日趋失控。

这类问题的频繁出现，使得华为越来越深刻地认识到：华为的后方机构严重拖了前线的后腿，使得优秀的一线人才未能充分发挥出其实力来。一线工作人员必须被授予足够的决策权，这样才能在遇到突发情况时做出有效决策和快速反应。而在前线发现目标后，各种先进设备和优质资源都应该在第一时间提供到位，而不是坐等后台管理者慢慢赶来督战。

任正非认为，华为需要进一步明确授权管理，为优秀的人才安排对应的工作任务，并由其全权负责，尽可能减少在时间、人员等各个方面造成的浪费。由此，华为开始在管理上尝试新型分权管理模式，把决策权根据授权规则授予一线团队，而后方仅起到监督和保障作用。这也是华为建立"铁三角"新型分权模式的思想出发点。在新型分权模式下，华为的一线工作人员被赋予独立决策权——"将在外，军令有所不受"，而华为的后台与总部则通过分级授权和定期汇报等形式，来确认分权与授权的效果。

2. 信任与授权

授权的基础是信任。组织授权时，最忌讳授权后不够信任而半路干涉——这会使得被授权者找不到行动方向。华为在这方面非常重视，在授权上始终坚持"用人不疑，疑人不用"的基本原则。

华为至今仍然流传着一个故事：一天，华为常务副总裁郑宝用按惯例主持一次极为重要的研发项目立项评审会议。郑宝用突然发现总裁任正非也来参加会议了。于是，他连忙跑过去，对任正非说："任总，您不用参加这个会，稍后我会把结果告诉您的。"任正非听到郑宝用的话之后，很平静地离开了会议现场。事实上，这个阶段是华为发展过程中非常难熬的时期，但是，对于如此重要的项目评审会议，任正非却愿意将最终决策权交给郑宝用，甚至，任正非还多次在公开场合对郑宝用给予了高度评价："郑宝用，一个人能顶 10000 个。"

2010 年年初，华为从过去的集权管理开始向分权制衡管理过渡，为一线人员分配了更多的决策权，以便在千变万化的市场中及时做出准确决策。因而，在华为，越来越多的年轻人（甚至是刚走出校门的人）开始挑大梁，到异国他乡开拓市场，甚至还有三人小组对经费在 5000 万元以下的项目进行决策与运作……如今回想起来，恰恰是华为这种分权与授权的管理变革，使得华为在前进过程中不断优化自身，厚积薄发；恰恰是华为经营层用人不疑的豁达胸怀，使得无数华为人敢于冒险、敢于奋斗，并全力以赴，在激烈的市场竞争中总能快人一步，做出亮眼的成绩。

二、高度授权，追求"无为而治"的境界

华为不仅重视对员工的分权与授权，还鼓励员工在日常工作中自主行动，主动履行自己应尽的责任与义务。任正非认为，事事都请示与汇报，这会在一定程度上滋生内部迂腐气息，导致企业管理层形成官僚主义作

风。而从企业运营角度来说，这种氛围又会影响企业运作效率，甚至会使企业错失市场机会。

一次，任正非去华为驻南京的市场部进行考察。当时，恰逢一位市场部人员提交了一份关于新市场开拓的报告。于是，市场部主任便向任正非进行问询："任总，咱华为之前的业务很少涉及这部分市场，您看，我们是应该加大新市场业务的调研与试水，还是侧重于主流市场业务的深度开发呢？"

任正非听了之后，直接批评道："我只是来参观参观，找员工聊聊天。你才是市场部主任，关于市场方面的事情，你问我干吗？如果凡事都要和我请示，那华为还要你们这些领导干部做什么？"

事实上，华为作为高级知识分子云集之地，他们并不缺乏智慧。只要他们被赋予足够的权力，愿意主动去思考和决策，敢于践行自己的想法，而不是像机器人一样层层申报、等待批示，那么他们就会发挥出更大的智慧潜力。长此以往，华为必将实现"无为而治"的管理境界。

当然，华为的高度授权并不是彻底放权，或者是简单地拍脑袋授权，而是对权力的时限、范围等都有着规范的把控措施。举个例子来说，华为会针对某个项目为相关人员授予一定的决策权或处理权，待问题解决或项目结束后，此项权力即自行收回。

我们知道，华为的日常业务是以项目制的形式展开的，即围绕某项业务的推进，选择一位项目负责人和项目成员，且每位项目成员负责的任务内容和权限也完全针对此次项目而设置。当这个项目结束时，他们获得的权限也随之终止。比如，为了开拓某个项目业务，华为会率先任命一位副总裁，然后由此人组织调派需要的人员来组建项目组，并授予每个人对应的权力。待这个项目完成且所有人得到相对应的奖惩之后，此次授权也随之宣告终止。

这样的授权方式可以保证被授权者在特定情境下获得并行使某些权限，而不是让权力被滥用。

三、总裁没有决定权，只有否决权

华为常常强调"充分信任""高度授权""自主工作"，但同时，华为也非常重视权力的平衡与制约。所以，华为有一项非常独特的权力设计：为总裁设计了一票否决权。

第一，任正非只有否决权，而不是决定权。

第二，任正非的否决权，只是对重大事项有否决权，不是对所有事项都有否决权。

2019 年 9 月，记者提出："你在华为有一票否决权，你的继任者也会有这样的权力吗？还是说只有创始人有？"面对这个问题，任正非回答说："本来我的否决权到 2018 年就终止了，让新领导人完成过渡就结束了，我不再行使否决权。但是到 2018 年发现，英国公决脱欧，一投票就脱了，这么简单。因为公司整个治理层（持股员工代表会、董事会、监事会等）是通过持股员工民主选举一层层选上来的，我们也害怕员工将来草率投票形成公司命运大波折，因此就保留了我的否决权。"

"而且，这个否决权将来可以被继承，但不是由我的亲属继承，而是将来从公司最高层中选出七个精英，集体继承。他们集体继承我对重大事项的否决权，这些人都是从董事会、监事会退出的最高层领导，作为大股东代表行使否决权，防止公司在重大决策中完全被民意裹挟而做错事。所以，公司决定保留一票否决权，并将这个决定写入我们的管理条例中。"

在被问及"您从来没有用过一票否决权，有没有在某个时刻其实很想用它，或者未来有什么情况可以用一票否决权"时，任正非回答道："（按照）我现在在公司所处的位置，（我只能）是行使否决权，我没有决策权，（这个规则）已经实施了很多年。现在（这个规则）由轮值 CEO 运作，效果良好，因此要继续努力去实践和改进。我拥有否决权，但我没有否决过。我想否决的时候，就去和他们商量，把我的想法和大家一起磋商，没有和将来接班群体产生过硬的对抗，总体还是比较和谐友好的。"

这种特殊的"总裁没有决定权，只有否决权"的情况，正是华为把控授权效果的实践。

任正非说："授权不等于彻底放权，把权力都放出去了，企业还要管理者做什么？"这也给广大企业经营者一个启示：在充分授权和高度授权之后，企业高层领导仍然需要保留下一定的或者说必要的牵制权。这种做法是为了应对企业内部出现分歧的情况——如果真的遇到这种情况，高层领导便可以第一时间进行快速调整，从而确保企业的正常运作。

—— 华为启示录三 ——

客户的利益所在，就是我们生存与发展最根本的利益所在。我们要以服务来制定队伍建设的宗旨，以客户满意度作为衡量一切工作的准绳。

我们要真正明白客户需求导向，在客户需求导向上坚定不移。我们要真正认识到客户需求导向是一个企业生存发展的一条非常正确的道路。枪声就是命令，我们说，需求就是命令，我们一定要重视客户需求。

——任正非

◆满足客户需求，全面实现客户价值是企业长久生存与发展的行动指引，以客户为导向构建组织模式而非传统意义的重技术轻管理、重技术轻客户需求。只有把企业的根本出发点梳理清楚，选择合适的价值取舍与经营模式，才可能实现企业的百年基业长青。

◆以客户经理、交付专家和解决方案专家三位一体的铁三角模式，使全球化与本地化相互补位，实现两者互为融合的全球价值链战略布局。将权力下沉至一线，后方根据一线反馈的客户需求，全力配合，保障组织的快速与灵活，有效满足市场需求。

◆客户满意是准绳，以创造客户价值的行为和结果的产出作为基准的组织绩效导向，以客户需求与企业利益为出发点，倡导"眼睛盯着客户，屁股对着领导"。对准客户目标，全面打通大平台，全力服务一线与业务需求。

◆"用人不疑，疑人不用。"选对人，用对人，这是授权的基础，而后再考虑如何分好权，授好权，授权力度得宜，最终实现"无为而治"的最高境界。

第四章
以奋斗者为本，长期艰苦奋斗

只有艰苦奋斗，才能改变命运。要生存，只有不断创新和艰苦奋斗。而创新也需要奋斗，是思想上的艰苦奋斗。

奋斗的目的是什么？过幸福生活。公司一直倡导在思想上艰苦奋斗，没有说过要在生活上艰苦。

——任正非

第一节　锁定终极目标，坚定不移地前进

朝向正确的目标，会使企业始终走在一条正确的道路上。以终极目标逆推企业的每一步发展，更有助于企业有条不紊地向前发展。而长期坚持艰苦奋斗，则会让企业最终实现预期的价值目标。

一、用乌龟精神，追上龙飞船

在践行企业战略的过程中，必须保证企业在适当的节奏下持续前进。华为主张：既不允许冒进，也不倡导追随在别人身后受制于人。《华为公司基本法》第十四条明确规定："我们（华为）追求在一定利润率水平上的成长的最大化。我们必须达到和保持高于行业平均的增长速度和行业中主要竞争对手的增长速度，以增强公司的活力，吸引最优秀的人才和实现公司各种经营资源的最佳配置。"

任正非认为，华为要想在电子信息产业中不被淘汰，那么唯一有效的途径就是保持合理的成长速度，可以领先对手一小步，不必太多。在描述华为追赶和超越同行业者的过程时，任正非用龟兔赛跑来做比喻。他认为大公司不会是必然死亡的，华为只要能够始终坚持"乌龟精神"，坚持后发式的稳扎稳打追赶，是有可能追上"龙飞船"的。

所谓"乌龟精神"是指像乌龟一样认定目标，心无旁骛，艰难爬行，不投机，不取巧，不拐大弯弯，跟着客户需求一步一步地爬行的执着精

神。任正非强调："乌龟精神"被寓言赋予了持续努力的精神，华为的这种乌龟精神不能变，坚持只做一件事，坚持像"乌龟"一样慢慢地爬，才有可能在几个领域里达到世界领先水平。做得太多，陷入自己不擅长的领域，最后只能是在不断挣扎中耗尽力气并走向死亡。事实上，稳扎稳打，不贪功冒进，恰恰是华为在企业实践中总结出来的宝贵经验，也是对其他企业的真诚劝诫。

二、农村包围城市，艰难获取生存机会

在许多中小企业的经营者看来，从薄弱点或者侧面发动进攻，这仅仅是一种军事概念，很难应用于商战中。然而，华为却是实实在在地通过这种方式获得了企业生存的机会。

华为创建初期，中国通信设备市场几乎被西门子等世界级品牌所垄断，华为产品在一线城市里毫无市场空间。如果在这些市场抢夺生存空间，那么原本就缺少优势的华为将走上一条死路。在这种情况下，熟读毛泽东著作的任正非选择了一条"农村包围城市"的战略——华为先占领国际电信巨头未深入的广大农村市场，然后一步步稳扎稳打，最终占领城市市场。

众所周知，电信设备制造行业对售后服务的要求较高，而售后服务又需要企业付出大量的人力和物力。当时，那些国际电信巨头顶多将其分支机构设立到省会城市和重要的沿海城市，根本无力覆盖广大农村市场，而且，国外产品的价格相对略高，农村市场的购买力相对有限，故而那些国际电信巨头基本放弃了农村市场。

这一切恰恰成为华为这类本土企业的独特优势。事实证明，"农村包

围城市"这个战略不仅使华为避免了被国际电信巨头扼杀的命运，还让华为积累了最终反攻城市市场的资本。

1994年，华为第一代独立研发的数字交换机C&C08问世，这个名字是在全公司征集而来的。这里的"C&C"具有两个含义：一是Computer & Communication(计算机和通信)，数字程控交换机即为计算机和通信的组合；二是Country& City(农村和城市)，表达出华为从农村走向城市的愿望。在"农村包围城市"的战略指导下，华为人通过艰苦奋斗，在国内市场上取得了节节胜利。

华为这种"农村包围城市"的发展路径看似非常简单，但在执行过程中却是非常艰难的。所以，任何企业在成长中寻找发展路径的时候，都要做好思想准备——这可能是一次"长征"，要力求有备无患。

三、步步为营，"刀马所至皆汉土"

1996年，华为走出内地，开始打进香港市场，随后确定先进军东南亚、非洲、拉美、中东，再转战发达国家市场的"小步快跑"的海外市场拓展战略。

5年后的2001年，华为一下子把"小步快跑"调整为"大步向前""雄赳赳，气昂昂，跨过太平洋"。当时的客户经理只要能说英语，办得下签证，一律都派往海外。对于一些派往艰苦国家的员工，公司规定每天发100美元补贴（相当于一个月多拿人民币2.4万元）。

　　"你有你的计划，但世界另有计划"，华为如此重视海外拓展，一开始的收效却很惨淡。太平洋彼岸并不友好，当时最大的困难是：海外客户普遍对中国缺乏了解，觉得中国人穿长袍、梳长辫，生活还很原始，对"华为"做交换机、通信网等高科技产品就更为诧异。别说推销产品，客户的面都见不到。有些员工在国外待了一年，连一个客户都见不到，挫败之下离职走人。在很多地区，经常是派出去七八个人，最后能够坚持下来的只有两三个。

　　为了打破僵局，华为最终找到了两个突破口。

　　首先，"捡破烂"，了解客户需求。华为托人买客户已经过期或流标的标书。通过分析客户以前的需求推测客户现在的需求。有了这些基础分析，华为有了交流的底气，而"捡破烂"也成了当时很多运营商对"华为"最初的了解。

　　其次，为了让客户了解华为，华为从让客户了解中国开始。华为先把客户邀请到国内旅游，见证中国翻天覆地的改变，再把"中华有为"、符合客户需求的华为产品、服务呈现给客户。

　　华为通过各大电信展发送名为 Huawei in China 的邀请函，上面印有中国精选的风光照：新发展起来的城市面貌：广州的大桥、深圳的高楼，还有贵州的黄果树瀑布。在黄果树瀑布底下，华为用很小的字写着，自己在贵州解决了什么传输问题。

　　很多客户一下子对眼前图片中的中国和自己印象中的中国的对比反差产生了兴趣。华为趁热打铁，全程安排往返航班商务舱，入住五星级酒店的高品质专线旅游，安排客户到香港、深圳旅游，最后一站到华为的深圳总部参观。海外的客户来到公司，只要是个有头有脸的人物，任正非都亲自接待，同时免费送设备给人家试用。

总结华为的这段经历，先以"捡破烂"得来的客户需求分析为基础；再通过邀请客户亲身来到中国，来到华为深圳园区，看到整洁、先进的工厂、实验室；最后试用设备，看到一家中国企业居然也能生产出满足他们需求的产品。这一整套打法，最终起到了效果。

华为的这段经历告诉我们，重要的不是自己有什么，而是对方感兴趣的是什么。精准分析、化解疑虑、匹配对方的兴趣点与实际需求，提供对方需要的产品、服务，是赢得对方信任，打开市场的第一步。

除了这段经历，华为还从另一维度回顾、梳理华为的国际化发展布局：华为采取"集中优势兵力，制胜薄弱环节"的策略，即首先在地区经济低谷期进军，或从电信发展较薄弱的国家"下手"，然后逐步包围、稳扎稳打，最后全面攻占目标市场。

1. 在经济低谷期进军

1997 年是华为的国际化元年，而俄罗斯则是华为国际化的第一站。

当时，俄罗斯陷入经济低谷，卢布贬值。包括 NEC（日本电气股份有限公司）、西门子、阿尔卡特等在内的诸多国际巨头陆续撤离俄罗斯，而华为却选择了逆水行舟、迎难而上。在"亚欧分界线"乌拉尔山西麓的军事重镇乌法市，华为建立了第一家合资公司——贝托－华为合资公司。该公司由俄罗斯贝托康采恩、俄罗斯电信公司和华为三家合资，采取的是本地化经营模式。在国外巨头纷纷撤资减员的情况下，华为实施"土狼战术"，委派了100人以上的营销队伍到俄罗斯开拓市场。

在市场前景十分不明朗的情况下，华为却坚持对俄罗斯加大投入。整整 4 年里，华为几乎没有获得一单业务，但是这份执着换来了客户的信任。在普京全面整顿宏观经济时期，华为赶上了新一轮政府采购计划的"头班车"。2001 年，华为与俄罗斯国家电信部门签署了高达千万美元的 GSM 设备供应合同，市场销售额多达 1 亿美元。如今，华为已与俄罗斯所有顶级运营商建立了紧密的合作关系，积极参与俄罗斯电子政务网络建设。至 2019 年，华为在俄罗斯的市场份额高达 24.4%。

在进军拉美时，华为也选择了逆势而为，即在经济低迷期进入。1998 年，全球经济低迷，华为却启动了对拉美市场的布局。

然而，最初华为在拉美的发展并不尽如人意。华为在巴西建立了合资企业，筹建了巴西地区部，随后，在拉美地区的厄瓜多尔等 9 个国家设立了 13 个代表处。但到 2003 年，华为在该地区的销售额还不足 1 亿美元。

但是华为人凭借着独到的眼光和顽强的毅力，借国家品牌提携企业品牌，沿着中国外交路线向前走，扎根至拉美地区。2012 年，华为在巴西市场创造了 20 亿美元的营业额，占了华为在拉美市场份额的 2/3。2015 年 9 月，华为智能手机全球出货量高速增长。根据华为消费者 BG 披露的最新数据显示，智能手机全球发货量超过了 1 亿台，其中拉美地区创造了 12% 的市场销量。也就是说，华为在拉美的月均销量达 100 万台。目前，华为在拉美地区已实现了与超过 50 家运营商、跨国渠道的友好合作，并与 550 多家代理商、零售商一起开发了拉丁美洲的智能机市场。

2. 在次发达国家地区步步为营

2000 年前后，华为开始在东南亚市场（包括新加坡、马来西亚、泰国、菲律宾、印度尼西亚、文莱等）、中东市场、非洲市场进行全面拓展。

2000 年，华为参加新加坡亚洲通信展，了解到新加坡电信正在招标一个项目。需求是：使用家里固定电话时如信号出现问题，辅助运营商找到问题线路。拿到招标书后，华为的工程师闭关高质量完成了投标书。标书完成后，工程师看着还有时间，就重新研究招标书，结果发现问题进而判断：对方写招标书的人应该是做传输出身，缺乏对信号检测的实践理解，导致出现小错误。于是工程师专门写了满满一页纸，指出对方招标书里的错误，应该补充哪些需求，华为对应的解决方案是什么。正是这一页纸，让华为得到了新加坡电信的初步认可。委托方没有想到，这个乙方竟然会主动帮自己完善需求。

过了标书的第一关后，就到了真刀真枪调试设备的第二关，也就是通信行业俗称的"开实验局"：所有人都把自己的设备拉到甲方这里来，让甲方做测试。

华为驻新加坡的工程师们白天和甲方一起工作，收集需求，晚上就思考解决方案。同时，为了节省硬件从总部邮寄走海运到最终送达太耗时间的问题，华为驻新加坡的工程师就自己去市场买材料，当着甲方的面，现场搭线路，焊板子。

对比竞争对手，依据新加坡电信局的总结——"我们提出问题后，其他人只是不停地在报价，只有华为在解决问题"。就算有少数竞争对手愿意响应，也往往需要一周才能确定反馈方案，运输硬件设备就更慢了。隔夜回复解决方案、当面焊电路板，这种高效的神操作，只有华为能想到并做到。

第三关是商业谈判，区分于常规局限于谈判桌上的报价、条款交流。华为把商业谈判变成了一个现场交流会：华为工程师现场演示、培训。很多新加坡电信员工听完后，都觉得华为的工程师比平时的培训师还要专业、细致。

三关下来，华为从一开始相对实力最弱到最终以绝对优势拿下新加坡电信项目，华为团队为之振奋，大受鼓舞。在新加坡一炮打响后，华为将这种方式快速复制、应用到对其他国家的业务开拓中。到了 2005 年，华为在亚非拉市场上基本站稳脚跟。

总结这段华为在发达国家市场拿下第一单的经历，从甲方需求出发，快速专业极致操作，高效落地推进，是华为践行"以客户为中心"的典范，也是华为赢得客户与客户信任的关键。

3. 敢于对战，突破发达国家市场

欧美市场属于高端市场，通信消费的水平高于全球大部分其他地区，因此他们更注重产品性能。而且，欧美通信属于成熟市场，网络定型，标准统一，如果制造商实力欠佳则必然难有作为。因此，华为进军欧洲市场时曾被批是"自取灭亡"。

2006 年，沃达丰在西班牙市场不敌当地龙头企业 Telefonica，于是希望借助华为的分布式基站增强竞争力。当时即使处于败北境地，沃达丰在华为面前依然表现得非常傲慢，他们告诉华为："只有一次机会。"华为抓住了这次机会，具有极佳的表现。最终，沃达丰采用了华为的分布式基站，技术指标甚至超过了 Telefonica。华为产品自此登上了欧洲客户的采购名单。

余承东是华为分布式基站的第一发明人。当时在征询华为内部意见时，该基站的应用遭到了极大的反对——因为第四代基站会使成本提高1.5倍，而且还有很多技术风险无法克服。对于华为来说，如果这一规模巨大的投入未能达到市场预期，那么华为可能在几年里都难以翻身。多番考虑后余承东拍板："必须做，不做就永远超不过爱立信。"2008年，华为第四代基站 Single RAN 问世，一鸣惊人，技术优势明显。当时的基站都需要使用插板，爱立信需要插12块板，而华为只需插3块板。这一次技术突破，一举奠定了华为在无线市场上的领先地位。

此后，华为一路高歌、四面出击，最终在欧洲市场站稳脚跟。2012年之后，华为的市场份额飙升至33%，高居欧洲第一。之后，随着无线业务突飞猛进的发展，华为在欧洲市场上的品牌形象也得以逐步建立起来，并为华为其他业务在欧洲的进一步拓展打下了坚实的基础。

2001年，华为在英国伦敦北部建立了一家分公司。2004年3月20日，华为欧洲地区总部新技术研发中心在英国贝辛斯托克落成。贝辛斯托克聚集着一大批全球规模最大的电信公司，而华为研发中心的落成，标志着华为海外市场拓展的重点正在逐渐从亚非拉发展中国家市场转向欧美高端市场。英国《泰晤士报》的权威评论称，这一事件是中国企业走向国际化的重要标志。

要说起华为在英国市场的里程碑式突破，当属2005年华为成功通过英国电信（BT）的严格认证，进入英国电信价值百亿英镑的 21 世纪网络改造和建设大单"优先供应商短名单"之列。这也被视为华为首次突破欧美主流市场的标志性事件。

如今，华为在欧洲市场的战绩成为海外战略成功的典范——华为全面占领欧洲市场，从云存储、电信设备、网络安全到终端产品，所涉及的业务范围极广。华为因为网络设备运行顺畅，更是获得了用户的广泛好评和信任。

尽管华为在美国市场的发展遭受了诸多限制，但是在其他发达或不发达国家的成熟或青涩的市场，华为的国际化实践却充分证明：华为完全可以在海外立足，华为是值得客户信任的。当然，这个看似步步为营的市场拓展过程，离不开全体华为人的长期坚持与团结奋斗。从表 4-1 中，我们可以一窥华为海外扩展的丰硕成果与一路走来的艰辛。

表4-1　华为历年国内收入和海外收入　（单位：亿元）

年份	总收入	国内收入	海外收入	海外比重
2020	8914	5849	3065	34.4%
2019	8588	5067	3521	41.0%
2018	7212	3721	3491	48.4%
2017	6036	3125	2911	48.2%
2016	5215	2365	2850	54.7%
2015	3950	1677	2273	57.5%
2014	2881	1088	1793	62.2%
2013	2390	828	1562	65.4%
2012	2202	735	1467	66.6%
2011	2039	655	1384	67.9%
2010	1851	647	1204	65.1%

来源：华为年报

第二节　拒绝单打独斗，倡导群狼作战

华为用了30多年的时间迅速成长起来，这种快速扩张的状态被很多西方企业形容为"野蛮生长"；甚至于每当人们提到华为，便会联想到"野性""疯狂""集体作战"等词汇，而这些词汇又常常被用来形容一种集体活动型动物，那就是狼。事实上，华为团队正是一个如狼群一般能够高度团结协作的作战团体。

一、企业就是要发展成一批狼

在动物世界中，狼是一种很特别的动物：体形不大，与牧羊犬相似，但是它却能抓到比自己身形大上数倍的鹿；若论健壮、迅捷，狼又不及虎豹，但狼群在与虎豹相逢时却毫不胆怯退缩。事实上，狼群的实力来自其严格的等级与职责设计。而且，狼群的组织纪律性非常强。在狼群中，分别设有头狼、侦察兵、主力军等角色，每只狼都要按角色行动。在捕杀猎物时，狼群绝不会毫无目的地围着猎物乱转，也不会让某一只狼单独采取行动。它们遵循严格的战术和作战纪律，以此来捕杀身形比自己大数倍的动物。故而，其他动物一旦与狼群发生冲突，往往很难全身而退。

"企业就是要发展成一批狼！"这是任正非在1988年6月华为刚刚创

立不久时提出的口号。任正非希望华为人要有狼的嗅觉和不屈不挠、奋不顾身的进攻精神，更应该像狼群一样，发扬团队合作精神。这也是人们后来所说的"狼文化"的精神核心。

二、群"狼"合作，助力共同成长

任正非说："一个人，不管他多聪明，他一生中也只能发出几次智慧的光芒，所有开发人员的光芒聚集起来，华为的未来就有光明。"在华为30多年的发展历程中，华为人始终发挥着狼群合作精神，每一个人在发挥个体能力的同时，也在与团队共同成长。

有一年，华为位于吉林的售后维护组刚调来了几名新员工，便接到了一个网络故障报告，要求必须立刻安排人员前往现场。新员工陈路（化名）在业务上负责支路，于是，项目组长决定派他去现场维护。可是，陈路当时并无现场维护经验，所以他对于去客户机房现场定位表示没有信心。组长见状并未责怪他，而是立即召集全项目组员工一起梳理问题。其他团队成员也并未认为此事与自己无关，而是积极活跃地献计献策，最终形成了一个详细的问题清单。为了增加陈路的信心，项目组还临时决定在现场简单地演练一次，直到陈路的心里有了底儿。后来，陈路到现场之后，非常迅速地找到了问题，圆满完成了任务，客户还特意发来了表扬信。

任正非说："华为的企业文化是建立在国家优良传统文化基础上的企业文化，这个企业文化黏合全体员工团结合作，走群体奋斗的道路。有了这个平台，你的聪明才智方能很好发挥，并有所成就。没有责任心、不善于合作、不能群体奋斗的人，等于丧失了在华为进步的机会。"多年来，华为人为实现公司和个人的共同目标，自觉地担负着自己应尽的责任和义务，甚至心甘情愿地为其他团队成员牺牲着自己的利益。因为对于华为人来说，一个人的成功尚不是真正的成功，实现整个团队的目标才是真正的成功。

如今，华为有成千上万个这样的团队，每个员工都主动承担自己的任务，或者帮助团队的其他成员解决问题——他们早已融为一体。当然，在面对市场时，这个倡导合作的团队并不一味地只表现出"温和"，而是以成功围猎为目标，呈现出一种至刚至柔的并济状态。

三、至刚至柔，围猎捕获

华为创立之初，本身没有任何资源和条件，其技术优势也并不明显，与世界一流企业相比，华为表现出明显的不足。不过，华为人深知"天下之至柔，驰骋天下之至坚"，因而能够把握好刚柔度，低调务实、默默耕耘，然后一步步地争取客户的信任，慢慢扩大市场。

1. 以至柔开辟市场

在塔吉克斯坦，华为人以实际表现印证了这句话。他们总是能够以从容的态度去应对固执的投资商，化解种种难以描述的难堪，最终打动客户并得到信任与尊重。

1999 年年末，华为应塔吉克斯坦邮电部部长邀请，前往该国会谈并组织技术汇报会。为了突破该国移动市场的高层关系，华为派崔俭高等人前往。崔俭高一行人克服路途险阻，按时抵达，给塔吉克斯坦邮电部门留下了极好的印象。

2000 年，塔吉克斯坦邮电部门强烈推荐华为与其移动运营商合作建设 GSM 网，但是这一建议遭到了某投资商的反对。在华为的一再坚持下，该投资商最终同意与华为展开谈判。在谈判期间，华为的谈判人员尽量给该投资商留面子。在谈判间歇时间，崔俭高主动找该投资商聊天，结合场景谈论中国的儒释道，展示出中国人对合作精神的理解。最后，该投资商被华为的合作诚意打动，双方签署了合同。

面对国际友商的竞争压力，华为对客户的退让，有时也是无奈之举。毕竟在当时，华为的产品尚未在海外市场形成竞争力，华为只能用"至柔"的手段开辟市场。

任正非说："我们要韬光养晦，要向拉宾学习，以土地换和平，宁愿放弃一些市场、一些利益，也要与友商合作，成为伙伴，和友商共同创造良好的生存空间，共享价值链的利益。我们已经在好多领域与友商合作起来，经过五六年的努力，大家已经能接受我们，所以现在国际大公司认为我们越来越趋向于朋友，不断加强合作会谈。如果都认为我们是敌人的话，我们的处境是很困难的。"任正非希望华为人要有足够的耐心和诚意，能够主动跟其他合作伙伴甚至竞争对手交朋友。

有一年，华为在某地的工作正进展得如火如荼，一个分包商突然闹起了别扭，工作开始不积极。华为的工作人员只能登门拜访，希望分包商配合解决问题，可是，他们一连上门数次都吃了闭门羹。

即便如此，华为的工作人员也并未放弃，而是在一天下班后再一次登门拜访。

由于正赶上这位分包商的家里在施工，华为的工作人员只能在门口等着。直到天色渐暗，工人们陆续回家之后，他们才进去找分包商。分包商看到华为工作人员，颇为意外："这么晚了，华为人还来谈项目，还是挺有诚意的。"分包商便心平气和地坐了下来，慢慢聊起来。华为的工作人员阐明了问题情况，仔细分析了当时的项目困难和后期工作；每当分包商提出一项质疑时，华为的工作人员都能认真地做出解释。最终，该分包商答应与华为继续合作。

事实上，很多企业都曾遇到过类似的情况，但是如果能够时刻保持一颗进取之心，勇敢面对，以柔克刚，妥善处理，则往往能达到意想不到的效果。因此，要学会像华为人那样"能屈能伸"。

2. 以至刚赢得尊重

在塔吉克斯坦，华为人以"至柔"的形象去面对屈辱，获得了订单，开拓了市场；而在乌克兰，华为击败友商，有机会中标大型海外 GSM 项目，则充分显示了华为人"至刚"的一面。

在乌克兰 GSM 项目的建设过程中，对于某个问题，客方与华为工作人员的意见不一致，双方发生了激烈的争吵。最后，客方提出了很多不合理的要求，甚至说："若不满足条件，则立即转向友商。"不过，华为工作人员并未屈服。他们一边客观评估客户需求的满足度，一边与之谈判。看到这一群"固执"的华为人，客方也很无奈。最终，他们只能恪守"平等、长久互利、相互尊重"的合作原则，放弃了那些不合理的要求，与华为继续合作。

在乌克兰市场，华为顶住了压力并实现了有效合作，这充分体现出华为人不屈不挠的精神和刚劲的力量。如今，华为人经过 30 多年实践，也逐渐明白一个道理：华为不能再像过去那样妥协，或一味讨好客户，也不能完全如"土狼"一般野性十足，而是要在客户面前将"至柔"和"至刚"两个原则有效融合起来。

第三节　长期坚持艰苦奋斗，不贪图享乐

繁荣之后不再艰苦奋斗，那么企业必将丢失繁荣。如果说艰苦奋斗是一种精神和文化追求，那么长期坚持艰苦奋斗，则可以理解为一种机制保障。

一、预先绩效承诺，强化奋斗行为

任正非指出，绩效虽然不是检验员工能力的唯一标准，但员工能力必然要在工作绩效中有所体现。所以，为了强化华为上下的紧迫感，使全员保持长期艰苦奋斗的状态和对自己工作负责的态度，华为严格落实绩效承诺制度，特别是身为员工榜样的华为干部群体，更是要将绩效承诺制全面落实到位。

在每年的年初，华为都会根据上一年实际完成的各项指标（如虚拟利润、人均销售收入、客户满意度、销售订货、销售发货、销售收入、销售净利润等）情况制定新一年的工作指标；领导干部和员工个人再根据公司指标的分配情况，结合自己所属部门计划完成的指标，立下"军令状"。领导干部和员工个人的承诺内容，通常根据其承诺目标的高低分为三个等级：持平、达标、挑战。通常，在当财年结束之后，华为会评估每个人的目标完成情况，并与其当初签订的"军令状"进行对比。

绩效承诺的践行结果直接影响到华为领导干部的后续任用情况。如果某位领导干部的绩效评估结果和此前立下的"军令状"等级相差较远，那么这位干部就有可能会被就地免职。

对此，任正非做出明确指示："我们要辞退那些责任结果不好、业务素质也不高的干部。我们也不能选拔那些业务素质非常好，但责任结果不好的人担任管理干部。他们上台，有可能造成一种部门的虚假繁荣，浪费公司的许多机会和资源，也带不出一支有战斗力的团队。"

未完成绩效承诺者的惩罚

对于那些未能完成承诺者，华为将对他们进行严厉的惩罚。具体如下：

（1）对一把手予以降职、免职，同时绝不能在本部门将副职补充提成正职。

（2）冻结该部门全体成员在下一年度的调薪，不管是否调出去。对于从后进部门调往先进部门工作的人，要适当地降职使用。

（3）对于已经降职的干部，一年之内不准对其提拔使用，更不能跨部门提拔，杜绝裙带之风。

（4）一年以后对卓有成绩者，予以严格考核。

……

为什么今日的华为如此强大？战斗力如此强悍？这是因为，在绩效承诺制度的引导下，华为团队的每个人都在努力践行自己的承诺，而集体奋斗行为正是在这种状态下得到了强化。

二、明确奋斗标准，对奋斗者做区分

华为对自己有着这样的要求：对内要激活价值创造，对外要保持竞争力；要以奋斗者为本，以价值创造者为尊；要创造以奋斗者为本的管理机制和文化氛围，让懒人和不创造价值的人感到难熬并对其予以淘汰，让奋斗者和高价值创造者感到愉悦并能够获得肯定。

1.奋斗者的评估标准

那么，谁是奋斗者？奋斗者的标准是什么？

在华为，奋斗者至少有以下方面的特征：

一是有使命感，有持续艰苦奋斗的精神。奋斗者是有信念追求的，他们必然是企业使命的驱动者和企业价值观的践行者。他们会自我管理、主动工作，而不是懒散待命。

二是共享价值观，善于团队合作。奋斗者绝不单打独斗、自立山头、搞个人主义或拉帮结派，而是善于团队合作、集体作战，遵循共同的价值观，乐于贯彻各项规章要求。

三是积极奉献，乐于终生奋斗。奋斗者的心态是先讲奉献和付出，而不是先问收获。而且，奋斗者并不仅仅是奋斗一段时间，而是终生奋斗。

四是有能力，有业绩，有贡献，是持续价值创造者。奋斗者不是庸人，而是在自己的岗位上能够担当职责，有超强的工作实力，能够创造出实实在在的业绩，而且能够持续创造价值。

勇于自我批判，不断接受挑战，实现自我超越。奋斗者勇于自我批判，不追求安于现状或小富即安，而是敢于持续挑战更高的目标，不断实现自我超越。

在上述评估标准指引下，华为构建了以奋斗者为本的人才机制，激励奋斗者不断开发潜能，持续创造高绩效。同时，也使奋斗者受到真正的尊重，从众多人中脱颖而出。

2. 以成果区分奋斗者

为了避免吃"大锅饭"，华为要求人力资源部门必须实事求是地客观评价所有人员的业绩贡献。因此，在华为，所谓"奋斗"并不仅仅是一种积极的行为表现，更重要的是奋斗出实实在在的成果或业绩。

对于一般奋斗者，即那些只想安安稳稳地在本岗位上工作，踏踏实实地做好本职工作的员工，华为并不持排斥态度，只要他们输出的成果贡献高于企业为他们支出的成本，他们就可以在公司继续工作下去。

对于做出卓越贡献的奋斗者，华为则视之为"企业发展的中坚力量"。对于这类员工，华为会给予其相应的组织帮扶和资源支持，并提供更多的进步机会。此外，华为还会在价值分配上向这部分奋斗者做出倾斜。像"华为的一切资源都要向奋斗者倾斜""绝不能让雷锋吃亏""要让拉车的人比坐车的人多"等观点，主要针对这部分奋斗者。

通过这种方式，华为对真正的奋斗者表现出极大的尊重。同时，也在整个公司中形成了以奋斗为荣的文化氛围，进而激励着华为上下积极向前。

三、先生产后生活，床垫文化不能丢

华为成立之初，由于资源和技术的严重不足，让华为在市场上举步维艰。为了能够在夹缝中生存下去，华为人长期发扬着"先生产，后生活"的艰苦奋斗精神。

实际上，"先生产，后生活"是在当年国家经济严重困难、生活环境十分严峻的形势下，由大庆人提出来用于处理生产和生活关系的一个基本原则，它也是大庆人艰苦奋斗精神的重要组成部分。大庆人坚信，先"苦"才能后"甜"。为了高速度、高水平地拿下油田任务，为国家分担困难，大庆人心甘情愿地在生活上吃苦。后来，这种文化又在华为人的身上得到了延续。华为人以这种"先生产，后生活"的艰苦奋斗精神作为华为文化的主旋律并融合成为华为文化的灵魂。

在华为创业初期，所有的华为员工都生活在深圳宝安县蚝业村工业大厦三楼。他们把一层楼分隔为单板、电源、总测、准备四个工作区；宿舍、仓库、厨房也设在同一楼层。在宿舍里面，他们将十几张床紧挨着墙一溜排开；如果床不够用，就用泡沫板加床垫代替。如果工作累了，他们就趴在桌上眯一会儿，或找张泡沫板、纸板之类席地而卧，醒来之后继续干。就是这样的床垫，成为华为人的半个家，成为华为人奋斗的标志，慢慢形成了华为独有的"床垫文化"。

如果说艰苦奋斗是过去物质条件下的不得已之举，那么华为今日已进入行业无人区，体量已然壮大，为什么还倡导企业上下长期坚持艰苦奋斗呢？

事实上，对于华为来说，不同发展时期的艰苦奋斗虽有不同表现，但其内在的奋斗精神却是一样的。华为人知道，一个企业如果失去艰苦奋斗的精神，那么这个企业势必要被客户抛弃，最终走向灭亡。

任正非说："华为不战则亡，没有退路。只有艰苦奋斗，才能改变自己的命运。"在华为人的认知中，比起身体上的艰苦奋斗，思想上的艰苦奋斗更有意义，也更能创造出价值。因此，华为人长期坚持艰苦奋斗，且坚持以奋斗者为本——艰苦奋斗精神至今仍是华为企业文化的灵魂所在。

第四节　以奋斗者为本，绝不让雷锋吃亏

杰克·韦尔奇曾说："我的工作就是将最好的人才放在最大的机会中，同时将金钱分配在最适当的位子上，就是这样而已。"任正非也曾说过类似的话，他在华为这么多年所做的两件事就是"分活儿和分钱"，把这两件事做好了，那么这个组织自然就活起来了。

一、高压力催生高效率，高效率催生高收入

任正非曾说："我不眼红年轻人拿高工资，贡献很大才能拿到这么高的工资，我们还要进一步推行这种新的薪酬改革。前二十几年我们已经熬过了不平坦的道路，走上新道路时，就要新条件。让三个人拿四个人的钱，干五个人的活，就是我们未来的期望。这样改变以后，华为将一枝独秀。"

这么多年来，华为之所以能够在全球竞争格局中屹立不倒，并且持续攀登高峰，很大一部分原因在于华为舍得分钱，懂得分钱，更愿意分钱。以任正非为代表的华为高层管理者，非常善于借助高收入所带来的高激励效果，把工作压力植入每个奋斗者的身上和心中，使得公司上下力出一孔、团结奋斗。

对于企业来说，高效率是其在激烈的商业竞争中得以脱颖而出的重要途径之一。在同一个企业中，如果三四个人能够圆满地完成五六个人的工作量，那么自然而然就创造出了高效率。华为薪酬制度设计也是基于这样的理论依据进行的。

美国学者威廉逊的研究表明，压力水平与个体的动力或绩效呈一个倒U形曲线，如图4-1所示。

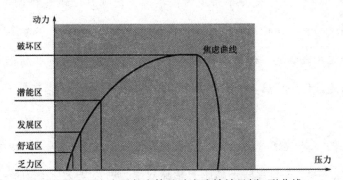

图4-1　压力水平与个体的动力或绩效呈倒U形曲线

从图4-1可以看出：

当压力处于乏力区：员工往往处于茫然无助的状态，不知自己为何努力；

当压力处于舒适区：稍有压力时，员工通常不会付出太多努力；

当压力处于发展区：压力明显存在时，员工会为了维持"舒适"而不断付出努力，动力得到快速提升；

当压力处于潜能区：压力持续增大时，员工需要调动潜在能量，进而迸发出巨大的动力。

但是，当压力超过焦虑曲线的顶峰值而处于破坏区时，员工会感到绝望，往往会失去动力，放弃努力。

华为的高收入之所以能够形成极大的激励效果，恰恰是因为通过较高的绩效收入和对应的绩效目标，将高压力传递到了每个员工的身上，督促他们创造高效率。

在刚果的一个项目中，华为的客户临时改变了工程计划，将核心网设备建设原本30天的工期压缩为4天。对于项目组来说，这简直是不可能完成的任务。可是，一旦放弃这个项目，华为就会在非洲市场上遭受严重损失。为了不让公司失去非洲市场，华为当地项目组迅速协调了10多名工程师到现场施工、检测。这些人每天都吃住在工程现场，基本上没有休息时间。经过几天奋战，他们在离截止时间还有6小时的时候顺利完成了核心网设备的建设任务。这在一般企业中很难想象，在华为却是常态。

华为的"高效率、高压力、高收入"被人们称为"三高"政策。在任正非看来，高收入的背后是高压力和高效率，所以华为乐于为员工发放高薪或提高待遇水平。事实上，当企业满足了员工在物质上的期望，员工也满足了企业的绩效目标时，便实现了"双赢"。

俗话说："财聚则人散，财散则人聚。"当企业舍得给员工高的薪资待遇，又有正确的压力传导方式，那么自然也就有了愿意为之努力奋斗的员工。虽然一部分人对高压力和高效率心存畏惧，但华为的"高收入"仍然让很多人为之心动，尤其是那些具有强大的自信心并且迫切希望提升自己能力的人，更会心甘情愿地加入华为这个艰苦奋斗的集体当中来。

二、公平公正，让价值分配向优秀奋斗者倾斜

在向基层员工普及和落实奋斗者文化的过程中，华为在坚持公平公正、合理分配利益的基础上，提出了"向奋斗者倾斜"的理念。《华为公司基本法》第五十八条明确规定："华为奉行效率优先，兼顾公平的原则。我们鼓励每个员工在真诚合作与责任承诺基础上展开竞争；并为员工的发展提供公平的机会与条件。每个员工应依靠自身的努力与才干，争取公司提供的机会；依靠工作和自学提高自身的素质与能力；依靠创造性地完成和改进本职工作满足自己的成就愿望。我们从根本上否定评价与价值分配上的短视、攀比与平均主义。"

华为人力资源管理部与 Hay Group（合益）、Mercer（美世）等顾问公司长期合作，定期进行薪酬数据调查，并根据调查结果和公司业绩、员工个人绩效对员工薪酬进行及时调整，同时确保员工薪酬与其奋斗程度和贡献指数正相关。

2009 年，华为对奖金制度进行优化，打破了内部平衡、跨区域平衡、人与人之间平衡的三大平衡机制，明确个别部门的奖金为零，同时规定，奖金评定要简单，当期贡献好马上就给奖励。不要把一大堆事情放到一起评，这样奖金就变得很复杂，就不公平。

2012 年年底，华为某办事处经过连续半年的持续作战后，中标了一个近 10 亿美元的项目，攻克了多年未拿下的大订单，公司当即决定给竞标团队发放人民币 700 万元的奖金。等到合同正式签订之后，任正非又提出追加 1000 万元的奖励。当时，该分区总裁说："老板，已经奖励了，这次

您请大家吃个饭就行了。"任正非不同意，两人再三协商，最终确定再奖励700万元。

近年来，每到年底，华为的员工奖金都会成为社会关注的热点新闻。2019年，华为遭遇美国禁令，导致部分供应链出现断供问题。然而，在全体人员的齐心努力下，华为在2019年的智能手机出货量达到2.3亿台，同比增长16.5%，一举超越苹果手机，成为全球第二大手机厂商。另外，集团总销售收入达到8500亿元，同比增长18%左右。为了鼓励这些为华为创造佳绩的奋斗者们，华为给他们发放奖金20亿元。

华为奉行的这种多劳者和贡献者"发财"的理念，极大地避免了因分配不公而可能产生的组织内讧、消极情绪等现象，更让员工从心理上对"以奋斗者为本"的企业文化形成高度认同，进而努力成为卓越的奋斗者。

三、健全保障机制，为奋斗者精神赋能

任正非曾说："带兵打仗，必须给士兵几两烟土钱，这样士兵打起仗来才能更有干劲。"从企业创立至今，华为一直非常重视员工福利保障机制的建设，仅在2018年这一年，华为的全球员工福利保障投入便高达135亿元。

在员工保障体系中，华为依据员工实际需求购买了各种类型的保险，来充分保障员工的利益。比如，华为为员工购买了覆盖全球所有员工的人身意外险和覆盖所有中国地区员工的商业重大疾病险和商业寿险，为所有外派至国外工作的员工购买了商务旅行险。此外，华为还为员工制订了完善的公司医疗救助计划。

2011年，华为从多个方面对员工保障体系进行了优化，具体措施包括

与保险公司合作搭建了全球员工保障管理的 IT 平台；逐步提升商业寿险的保障基准；对海外员工保障管理项目进行优化，确定属地化保障举措；优化员工家属的保险认购计划，为其搭建保障系统；针对突发事件，实施应急反应机制和行为问责制度；等等。

一系列保障机制的建立健全，客观上增加了华为的支出成本，但由此获得的效果却非常显著。举例来说，华为早期的海外市场大多在委内瑞拉、刚果、厄瓜多尔等条件艰苦的地区，很多企业的员工都不愿意前去开展业务，但是华为每年都不缺乏主动请缨前往这类区域的精英人才，原因之一就是华为为海外员工及其家属都提供了非常健全的保障机制。

此外，华为还为员工设计了很多独特的保障形式。比如，华为会为员工发放约为工资 15% 的安全退休金。假如一位员工的基本工资为 20000元，那么公司会在每月为其再发放 3000 元。这 3000 元中，扣除了员工个人所需缴纳的社保金额后，其余部分可以在达到一定额度时提取，也可以在员工离职时一次性提取。华为之所以设计这一福利保障，实际上是在员工工作期间为其发放养老金，提前为员工解决后顾之忧，使之全身心地投入工作中。当然，华为的保障机制并不仅限于此。

总体而言，华为设计福利时的基本原则是：满足员工当下所需，为员工解决最迫切需要解决的问题。同时，通过不断优化的福利机制，切实为奋斗者免除后顾之忧，健全保障。

—— 华为启示录四 ——

三个人拿四个人的钱，干五个人的活，就是我们未来的期望。这样改变以后，华为将一枝独秀。

——任正非

◆ 锁定目标，不畏艰难，稳扎稳打，以农村包围城市，从竞争对手放弃的艰苦的农村入手，在众企业撤离的国家经济低谷期逆向切入，"四年磨一剑"，通过核心技术取胜，最终突破进入发达国家市场。

◆ 拒绝单打独斗，不搞个人英雄主义，倡导群狼作战。一个人的成功尚不是真正的成功，实现整个团队的目标才是真正的成功。管理上讲究恩威并至，企业市场开拓讲究"至刚至柔，围猎捕获，以至柔开辟市场，以至刚赢得尊重"。

◆ 在如今这个时代，人们并不需要身体上的艰苦奋斗，但思想上艰苦奋斗的精神不可抛弃。须知，如果一个企业缺少艰苦奋斗的精神，那么这个企业势必会走向覆灭。

◆ 将最好的人才放在最大的机会中，同时将金钱分配在最适当的位子上。企业做对两件事，即"分活儿和分钱"，高压力催生高效率，高效率催生高收入，把这两件事做好，组织自然就活起来了。

第五章
探索规范化管理模式，推进管理革新

我个人谈不上伟大，我是个普通人，我自己什么都不懂，也都不会，只能借助比我更专业、更有能力的人。我们不懂管理，就花钱请IBM来帮助我们做流程和供应链管理；请 Hay Group（合益）咨询公司来做职位评价体系和任职资格体系。我个人能力不够，只能靠团队的智慧来决策，靠机制和制度来管人，所以我们推行轮值CEO，形成适度民主加适度集权的组织决策机制……我什么都不懂，我就懂得一桶糨糊，将这桶糨糊倒在了华为身上，将十几万人粘在一起，朝着一个大的方向拼死命努力。

——任正非

第一节 改变"甩手掌柜"模式，实施规范化管理

企业的建设与发展并不简单，对华为创始人任正非来说亦是如此。任正非曾发出过这样的慨叹："一个人不管如何努力，永远也赶不上时代的步伐，更何况知识爆炸的时代。只有组织起数十人、数百人、数千人一同奋斗，你站在这上面，才摸得到时代的脚。……然而，在刚刚创立华为时，如何组织起千军万马，这对我来说是天大的难题。"

一、逃离野蛮生长状态，游击队变为正规军

华为创立初期，任正非凭借非凡的勇气捕捉到时代契机，推动企业快速发展。但他对自己有着清楚的认知，自己此前的人生经历中缺少足够的管理经验——从学校到军队的整个人生阶段中，他都未曾担任过具有行政权力的职务。随着华为的快速发展，各种各样的管理问题日渐显露出来，这使得华为在一段时期里一直处于混沌无序的状态。

任正非回忆称："那时公司已有几万员工，而且每天还在大量地涌入新人。你可以想象混乱到什么样子。我理解了社会上那些承受不了的高管，为什么选择自杀。问题集中到你这一点，你不拿主意就无法运行，把你聚焦在太阳下烤，你才知道CEO不好当。每天十多个小时以上的工作，仍然是一头雾水，衣服皱巴巴的，内外矛盾交集。"

在这种状态下，任正非让员工们自由发挥各自的想法。事实上，在华

为创立的前 10 年里，华为几乎未曾组织召开过办公会议。那时，任正非经常亲自飞到各地，聆听管理者们的汇报，给后者完全的自主权并提供充分支持。在华为最重视的研发领域，也曾经是问题多多：研发人员对研发工作缺少清晰的方向，客户一有要求就立即安排改进，使得企业研发工作存在着极大浪费。

彼时的任正非被人们戏谑为"甩手掌柜"，而事实上他每时每刻都在为公司的现状焦虑。他逐渐认识到，对于企业来说，仅仅依靠上层的"理解和支持"还远远不够，华为必须形成一套科学而规范的运营管理模式，使其能够更高效有序地运行。

二、华为公司基本法：从必然王国走向自由王国

任正非说："任何一个人在新事物面前都是无知的，要从必然王国走向自由王国，唯有学习、学习、再学习，实践、实践、再实践。"他的这句话是受到毛泽东思想的启示。

毛泽东同志曾说过："人类的历史，就是一个不断地从必然王国走向自由王国发展的历史。这个历史永远不会完结。……人类总得不断地总结经验，有所发现，有所发明，有所创造，有所前进。"人们只有走进了自由王国，才能释放出巨大的潜能，极大地提高企业的效率。但当步入自由王国时，人们又在新的领域进入必然王国。就这样不断地周而复始，人类从一个文明又迈入了一个更新的文明。

那么，华为又是如何承前启后、从必然王国走向自由王国的呢？为此，华为于 1995 年聘请了数位中国人民大学的教授共同起草了《华为公司基本法》，并计划在此前提导向下，进一步设计系统而细致的工作标准。

在《华为公司基本法》尚处于构思阶段时，有人送给任正非一本19世纪的美国宪法。任正非看着这本宪法，感慨道："今天看来，并不高明，但它指导了美国200多年的发展，奠定了美国今天的繁荣。"因此，任正非希望《华为公司基本法》在20年后也照样能够规范指导华为人的工作，能够将企业成功的基本原则和要素予以系统化、制度化、规范化，将企业的智慧持续地传承下去。

三、从制度到文化，推进企业标准化管理

当一个企业的成员从内心深处认同企业的制度及理念，并由此对行为产生相应的影响和约束时，那么这个制度便拥有了真正的生命力。当然，从制度到文化的实现，有个前提，便是得到员工的认同。这种发自内心的认同，通常源自制度本身的严谨精准和制度贯彻的公平公正。在华为，其制度文化建设的成功也是源于这两大方面。

1. 严谨、精准地设计制度

在实践中，人们发现，如果管理制度的内容存在歧义，那么员工们往往不知道该如何操作才算是符合制度的要求，这样的结果就相当于没有制度规则。如此一来，员工、管理者之间便会产生矛盾。而解决此类矛盾的基本方法，就是在设计制度时，要确保其严谨、精准，内容要具体、细致、无歧义，力求让员工知道自己应该做什么或者应该怎么做。

华为集团就制定了非常严谨、精准的行为准则。比如，在华为，所有

在厂区内的员工行走时都必须靠右侧通行；离开座位时，必须将椅子推入桌洞里；用餐完毕后，必须主动用抹布擦净桌面，倒掉垃圾；班车司机接送员工上下班时，必须分秒不差；等等。无论员工违反了上述哪一项，都会按照制度条款进行处罚。

所以，在制度的设计方面，必须确保内容细致且无歧义，这样才能让员工准确理解并践行，使其行为达到规范和一致。只有当这样的制度内容渗入每个人的思想认知当中时，人们才会依此行动，最终形成一支具有超强组织纪律性的队伍。

2.公平公正地贯彻制度

在企业管理中，公平公正地贯彻制度，是每位员工的心理诉求，也是企业管理的根本原则之一。如果不能公平公正地贯彻制度，或者一味实行强权管理，那么很可能会出现"指鹿为马"的现象，给企业造成巨大的损失。同时，不公平公正这样的制度也难以得到员工的认可。要知道，每个企业成员的内心往往有一定的心理承受限度，而决定这种承受限度的则是制度的形式和内容的公平公正性。同时，制度制约下的每一个成员也是制度的监督者，如果制度贯彻时缺少公平公正性，自然难以得到人们的认可。

任正非曾多次强调，华为是一个公平竞争的平台。对此，他有过一段非常精彩的论述："华为要按价值贡献，拉小人才之间的差距，给火车头加满油，让列车跑得更快些及做功更多。在华为，践行价值观一定要有一群带头人。人才不能按管辖面来评价待遇体系，一定要按贡献和责任结果以及他们在此基础上的奋斗精神来评价。目前人力资源大方向政策已确定，下一步要允许对不同场景、不同环境、不同地区有不同的人力资源政策差异化。"因此，华为对所有员工一视同仁，每个人都享受着公平、均等的机会。

在华为沙特阿拉伯代表处的CSO团队中，有一个中文名字叫"大巴"（化名）的本地员工，专门负责清单配置工作。有一年，该团队需要开具一种到付款的票据，可是大家都没操作过，而且此时团队业务量巨大，人手明显不够。于是，主管找到大巴，希望他能承担这个任务。大巴同意了，接下来他开始不停地与客户、市场、供应商、财务等多个部门协调，甚至无暇休息。在大巴的努力下，仅仅两天后，就圆满地完成了这个任务，大大超出了众人的期望。后来，因为能力突出，大巴被晋升为产品经理。当时该地区的负责人说："对于做得好的员工，他在这个组织里面，有不断成长的机会。但是，对于那些不努力的员工，我们会把他们淘汰出这个团队。"无论职位高低，每个人在工作面前都是平等的，只要努力，都可以得到公平的发展机会，这便是华为在管理方面公平公正地贯彻制度的一个直接体现。（文章摘录于2010年7月7日第225期《华为人》，有删改）

华为一直都提倡和践行着"公平竞争，不唯学历，注重实际才干"的方针，这也是华为制度被员工认同的关键所在。可以说，在从制度到文化的演进过程中，制度的有效设计是企业文化得以生成的坚实基础，而制度的有效贯彻则是企业打造文化特质、激发文化生命的最佳途径。

第二节 忍痛"削足适履"，穿好"美国鞋"

"削足适履"源自《淮南子·说林训》中的"夫所以养而害所养，譬犹削足而适履，杀头而便冠"一句，意在讽刺那些不根据实际情况而盲目套用的人。而华为为了加快自己标准化、国际化的步伐，却宁愿削掉自己的"足"，也要穿上那些国际级管理技术公司的"履"。对于这个问题，任正非曾这样说道："我们引入 Hay Group（合益）的薪酬和绩效管理的目的，就是因为我们看到沿用过去的土办法，尽管眼前我们还活着，但不能保证我们今后继续活下去。现在我们需要脱下草鞋，换上一双美国的鞋，但穿新鞋走老路照样不行。换鞋以后，我们要走的是世界上领先企业走过的路。这些企业已经活了很长时间，他们走过的路被证明是一条企业生存之路，这就是我们先僵化和机械引入 Hay 系统的唯一理由，换句话讲，因为我们要活下去。"这段话充分体现出了华为对推进企业规范化和国际化管理的重视和决心。

一、要引进的不是蛋，而是下蛋的鸡

华为在 1993—1997 年的营收逐年稳步提升，分别是人民币 4.1 亿元、8 亿元、14 亿元、26 亿元、41 亿元，1997 年的营收更是达到了 5 年前营收的 10 倍。在这样令人振奋的稳步增长面前，任正非依然清醒，知道华为标准化、规范化的短板及与世界级企业的差距，他清楚地意识到："企业缩小规模就会失去竞争力，扩大规模，不能有效管理，又面临死亡，管理是内部因素，是可以努力的。规模小，面对的都是外部因素，是难以以人的意志为转移的，它必然抗不住风暴。因此，我们只有加强管理与服务，在这条不归路上才有生存的基础。这就是华为要走规模化、搞活内部动力机制、加强管理与服务的战略出发点。"于是，他果断选择借助先进国家及其企业的经验，即俗称的"引进外脑"。

1997 年年底，任正非一行抵达美国，为了引进那些优秀企业的国际级管理体系，访问了包括思科、IBM、惠普和贝尔实验室等几家享誉全球的美国公司。任正非特意了解了 IBM 公司的产品开发模式、供应链管理模型等。

任正非称："我们只有认真地向这些大公司学习，才会使自己少走弯路，少交学费。IBM 的经验是他们付出数十亿美元的代价总结出来的，他们经历的痛苦是人类的宝贵财富。"美国之行后，华为迅速展开了一场引进国际级管理体系的大动作。

1998 年 8 月，华为与 IBM 公司正式启动"IT 策略与规划"项目，规划华为 3～5 年内应开展的业务变革和 IT 项目，并最终决定开展包括 IPD（集成产品开发）、ISC（集成供应链）、IT 系统重整、财务四统一等在内的 8 个项目。此外，华为还从国际知名咨询公司 Hay Group（合益）引进了职位与薪酬体系，并依据英国国家职业资格管理体系（NVQ）设计了华为的职业资格管理体系。就这样，华为开启了大规模、全方位的管理变革。

华为曾对自己的运营状态做出反省："华为能长久地保持这个最佳状态吗？"事实上，就像人们常说的那样："如果企业不再增长，那么就是在衰亡。"任何企业如果不努力奋斗，不自我完善，那么它都必然走向灭亡，而且灭亡的速度会很快。

换句话说，激烈的市场竞争和不断的客户需求变化，要求企业更持续地完善自己，将更优秀的自己呈现在客户面前，这样才能维护和提升客户满意度，为企业创造更大的收益。而从企业实践角度来说，为了迎接千变万化的市场，企业则必须从自身运营与完善的角度做好全方位准备，持续探索出一套适于企业经营管理和随机应变的模式。

二、先僵化，后优化，再固化

华为的变革历程一直持续到 2012 年，如图 5-1 所示。

图5-1　华为变革历程

为了确保变革成功，华为选择了内部改革能力最强的高管余承东（人称"余疯子"）和 20 位副总裁一起负责变革。在参与变革的内部人选问题上，内部的观点是没做过这个专业分工也没关系，曾在关键任务或关键事件中成功过即可。

除了选择变革团队之外，华为在 1999 年 11 月首次提出"三化管理"：先僵化、后优化、再固化，并将之作为业务流程变革的"三部曲"。任正非要求华为人在最初的三年里"以理解消化为主，之后进行适当的改进"。

也就是说，华为员工在第一阶段必须"被动"而"全面"地学习企业引进的这些管理系统和技术。待到能够对系统运行和技术操作形成深刻的理解之后，任正非便会要求华为员工将已经僵化的管理方法再结合中国国情进行灵活使用，即实施优化。然后，再将优化后的内容纳入制度、程序之中，打造出更具有适应性的华为管理模式和方法，形成规范化管理状态。

针对这一"三化管理"方针，任正非在华为干部会议上明确告诫道："5年内不许你们的幼稚创新，顾问说什么，用什么样的方法，即便认为他不合理也不许你们动。5年之后，把人家的系统用好了，我可以授权你们进行局部的改动。至于进行结构性的改动，那是10年之后的事情。"

实践证明，华为选择的"先僵化，后优化，再固化"的方针是非常明智的。对于华为人来说，改革实施过程中的"先僵化"阶段是最为艰难的。因为华为聚集了众多高级知识分子，每个人的思想和见解都较为独特，因此让他们"僵化"，其难度要远大于"优化"。但是，如果他们没有认真践行这些新引进的管理方法就随意"优化"，他们就可能会单凭个人经验和创意思维而直接应用新方法，由此便有可能导致精力分散，内部矛盾冲突不断。而且，引进新的方法也可能会触及一部分人的个人利益，而这部分人很可能以优化之名来保全个体利益，给企业变革与发展制造不必要的阻力。所以，当时的华为人需要承受来自企业内部的巨大压力和阻力。

曾有一位集成产品开发推进小组成员说，他们每天都会被研发部门和销售部门批评，感觉每个人的精神都处在极度紧绷的状态，内心时刻处于要爆炸的状态。为了化解改革推进过程中的巨大压力，他们中的很多人常常要通过乱消费或打高尔夫球等方式来缓解紧张情绪；待这种情绪压力稍有缓解，再重新按照僵化要求，继续"僵化"改革。就这样，大家硬着头皮一路坚持了下来。而在这样的坚持过程中，华为也扎扎实实地从"僵化"稳步进入"优化"阶段，最终取得了改革与管理水平的极大进步。

三、遵循企业发展规律，不随意调整规则

在华为不断探索新管理模式的过程中，有一些人提出了这样的观点："根据中国国情，根据实际情况，进行改造，有选择地应用。"还有一些人质疑"美国鞋"是否适合华为，甚至有一些"自负"的华为人认为华为现有流程优于 IBM 的管理流程，根本不需要改革。一位员工问任正非："我们请了一些德国专家，在合作过程中我们内心有许多矛盾，为什么要全部听他们的？我们应该向德国专家学什么东西？"

面对这些质疑，任正非回答得非常果断，他说："我认为小孩要先学会走路再去学跑，现在我们还是幼稚的，多向人家学一学，等你真正学透了以后，你就可以有思维了。先形式后实质，也是我们公司向外面学习的一个重要原则。""我最恨'聪明人'，认为自己多读了几本书就了不起，有些人还不了解业务流程是什么就去开'流程处方'，结果流程七疮八孔地老出问题。我们将通过培训、考试竞争上岗，即使有人认为自己比 IBM 还要厉害，不能通过考试的也要下岗。"

为了加快华为的国际化步伐，华为削掉自己的"足"，要穿上 IBM 这些国际化管理公司的"履"。2003 年，IBM 专家撤离华为。这项历经 5 年耗资 20 亿元的业务变革项目暂时告一段落。而通过这个"削足适履"的痛苦过程，华为却扎扎实实地打造出了一套特别的管理系统——由 IT 技术支撑，将集中管理和分层控制相结合，能够较为快速地响应客户需求。

总结华为引入 IBM 顾问实施的整个历程：

1998 年 8 月 10 日，任正非召集了由上百位副总裁和总监级干部参加的管理会议，宣布华为与 IBM 合作的"IT 策略与规划"项目正式启动，宣布组建以孙亚芳为总指挥、郭平任副组长的变革领导小组。同时宣布了由市场、研发、生产等 300 多名业务骨干组成的管理工程部的成立，旨在全力配合 IBM 顾问的各项工作，包括华为未来 3～5 年向世界级企业转型所需开展的 IPD（集成产品开发）、ISC（集成供应链）、IT 系统重整、财务四统一等 8 个管理变革项目。

1998 年 8 月 29 日，第一期 50 多位 IBM 顾问进驻华为，开启本次变革大幕。1998 年年底，IBM 顾问对华为的运行现状进行调查与对比，当时华为的订单及时交货率为 30%，而世界级企业平均为 90%；华为的库存周转率为 3.6 次 / 年，而世界级企业平均为 9.4 次 / 年；华为的订单履行周期为 20～25 天，而世界级企业平均为 10 天左右。这一系列差距成为 IBM 咨询服务的改进目标之一。

根据 IBM 顾问的经验，原服务过的上百家从量产型向创新型转变的企业做出明显改变需要 7～10 年时间，而在服务实施 5 年后的 2003 年年底，华为原落后的运行情况已出现明显改进：订单及时交货率达 65%，库存周转率则上升至 5.7 次 / 年，订单的履行周期也缩短到 17 天。按照这个速度，华为将提前进入跨国公司行列。

5 年"削足适履"的质疑与痛苦经历在成效显著改变的结果面前如风而逝，此时的华为已经感受到在国际顶尖专家指引下对标世界级企业的希望与自己的稳健发展之路。然而此刻对任正非来说，仅是向世界级企业完成了初级学习。2004—2007 年，任正非追加咨询服务费 20 亿元，IBM 的 90 多位高级顾问团再度进驻华为，进行 EMT（Executive Management Team，企业最高决策与权力机构）、财务监管等第二期管理变革。

1998—2007 年，华为两度引入 IBM 咨询团队，耗资 40 亿元，从引入前 1997 年营收 41 亿元到完成两度革新后的首年即 2008 年营收达 1252 亿元，实现了近 30 倍的里程碑式增长。

随着华为的逐步发展壮大，这套系统的重要性日益凸显出来。面对各式各样的市场需求，如果企业不能正确而全面地筛选、评估、测试，那么企业的整个研发体系必然会陷入困境。但是，华为的这套 IPD 系统却极大地缩短了产品研发周期，降低了产品研发的风险系数。因此，当华为能够与世界顶级电信运营商用统一的语言进行快速有效的沟通时，华为人才真正体悟到早年变革决策的高瞻远瞩。

甚至有人这样说，在当年华为与思科的版权之争中，双方之所以能够达成和解，恰恰是受益于华为早早引入了国际咨询服务，在组织、管理、流程、人力资源、质量控制等多个方面都实现了与国际接轨。比如，华为在产品研发时按照"未违反知识产权保护"和"能够通过申请专利、保护企业利益"的标准来进行严格的自查。所以，华为的这种削足适履之举看似违背客观规律，但实际上却又不失为一种遵循客观规律的管理模式。

第三节　建构最优流程，实现快速反应

面对多变的市场环境，企业必须做出快速反应。而快速反应主要来自企业的规范运作，而规范运作则来自最优的、顺畅的流程。

一、打造一套端到端的流程管理体系

任正非说，"端到端流程是指从客户需求端出发，到满足客户需求端去，提供端到端服务。端到端的输入端是市场，输出端也是市场""所有组织及工作的方向都是朝向客户需求的，它就永远不会迷航。"

简言之，华为倡导的是：从客户中来，到客户中去，端到端地为客户提供服务。其本质是建立一系列以客户为中心的管理体系，彻底脱离企业对个人的依赖，使业务能够实现"输入→输出"的直接连通，从而缩减组织层级，实现快速运作、经济节省的目标。

1. 流程指向客户

近年来，很多企业都在倡导以客户为中心，全面实现客户价值。但是，很多企业的"以客户为中心"实际上仅限于理念和口号，并未真正实现。其中一种非常突出的现象，就是企业中的各个部门分管一块事务，各个员工分别执行自己的任务，然后再将所有工作进行对接。在这种模式下，企业往往难以真正快速、准确地满足客户需求。早年，华为也存在这类问题：客户茫然、动态地提出各种需求时，华为根本无法快速响应。多番总结后华为深刻地认识到，必须让流程切实、直接地满足客户需求。

2. 区分流程的类别和层级

从方法论的角度来看，华为的流程体系切实实现了"横向拉通，纵向集成"，形成了高度协同一体化的运作状态，并搭建起企业与客户之间的纽带。

在流程的类别上，华为设计了三大主要执行类流程，分别是：IPD、LTC 和 ITR。按 IPD 流程来形成产品，按 LTC 流程来实现交付，用 ITR 流程来关闭问题。华为梳理了这三大流程后，再以其顺利运行为目标，梳理出主要流程背后的使能类和支撑类流程就顺理成章、水到渠成了。

此外，流程也是有层级之分的。让不同层级的流程解决不同类型的问题，这样更有助于强化对流程及其效果的纵向控制，更好地作用于组织效率并体现业务本质。

华为将流程从上到下分为 6 个层级。

第一级和第二级流程主要回答关于"为什么做"的问题。第一级流程是流程分类，即从为客户创造价值和企业愿景出发，支撑实现企业战略和业务目标，覆盖全部业务。第二级流程是流程组，即聚焦战略设计，体现创造客户价值的主要业务流程。

第三级和第四级流程主要回答关于"做什么"的问题，即由哪些具体的业务流程去实现价值创造。比如，华为将人员流动的引导交给片联组织来负责操作，将培训工作交给华为大学来负责操作。

第五级和第六级流程主要回答关于"如何做"的问题，即完成流程目标所需要采取的行为和任务，呈现出业务本身的多样性和灵活性。

总体来说，华为的前三级流程打通了端到端，后三级流程则与作业指导及业务场景匹配，更强调因地、因事、因时制宜。

在设计流程阶段，主要涉及以下几个步骤：设计流程框架，绘制流程图，设计度量指标体系，设计流程活动的模板、指南和检查单，写作整个流程的指南和管理体系指南，开发培训体系。如此一来，不同类别与不同层级的流程便有了对应的管理体系。所以，我们也可以这样理解：华为自主建立的这套端到端的流程体系，实质上是在贯彻一套为客户服务的业务管理模式。

二、赋予流程权力，替代领导权力

华为一直强调"沿流程授权"，它是指依据既定流程要求，赋予流程执行人员以对应的权力，并将权力逐层下放。在这样的流程体系中，相关人员各有分工，各司其职。这样一来，便有效避免了重复行权或责任不清等问题，最终实现流程化组织建设目标。

1. 对事负责，而不是对人负责

华为的"沿流程授权"，强调一种特别的流程责任制——对事负责，而不是对人负责。华为把权力授予那些业务经验最丰富、最有责任心的人员，让他们对流程工作实施例行管理。而且，华为还持续地将高层领导的"例外管理"转为"例行管理"，尽可能地减少人为干预的频率，让相对确定的议题得以快速通过。这样一来，企业便可以按流程来规划责任、设定权力和明确角色，从而淡化组织的权威功能。

管理岗位 AB 角机制便是一种"沿流程授权"的实践。AB 角机制是指 A 对某业务担负主要责任，B 为 A 的接替者，当 A 无法担负流程业务责任时，则由 B 来担责。A、B 二人不可同时离开。这种机制的典型特征是 B 的职位高于 A，B 的决策权大于 A。在 B 需要替代 A 时，他可以自行决策相关事宜，而不必先行请示。

这种机制在很大程度上避免了不确定因素可能带来的流程停滞，从而保障了流程的顺畅、持续运行。

2. 责权利一体化

华为认为，责任、权力和利益是三位一体的。在授予权力的同时，必须匹配以问责机制和分配机制。正如任正非所说："我们将不断实行问责制，追溯责任者、主管者、领导者对事件应负的责任，以及适当的处罚。当然，我们同时也享有准确、及时、安全服务带来的快乐……我们要用制度来保证对流程结果负责这种精神的传承，要让为全流程做出贡献的人，按贡献分享到成果。"只有责任、权力和利益这三者完美统一，才能使流程持续运行成为可能。

三、检测并验证流程效度，持续优化

任正非指出："以需求确定目的，以目的驱使保证，一切为前线着想，就会共同努力地控制有效流程点的设置。""所有一切要符合未来的作战需要，组织是为了作战而存在的，而不是作战服从组织的。"因此，虽然华为已经建立起一套端到端的流程体系，但为了更好地适应客户不断出现的新需求，华为还是会不断地优化现有流程的环节或细节。在这方面，华为进行了很多尝试。

1. 确认重设流程的必要性

在华为，重新设计流程的第一步是尽可能深层次地了解现有流程情况，明确是否需要设计新的流程。为了避免对流程做出主观武断的判断，华为的流程设计人员会广泛征求意见，组织多次深入检讨。虽然并不需要了解流程的所有细节，但是必须抓住核心流程，识别出问题环节中存在的因果关系，并明确每个流程的关键环节和现有流程的产出结果，力求"以最快、最好、最省、最简单的方式做最正确的事情"。

2. 保障流程协调性

为了保障流程的协调性，华为在 4 个方面下了大力气，如表 5-1 所示。

表5-1　流程协调性的保障措施

措施	华为的实践操作
保证信息顺畅流转	采用工作流和门户等信息技术，保障信息在不同环节之间的顺畅流转，及时沟通情况和传递信息，提高流程运作效率
减少高频支援的可能	由客户经理、问题解决方案专家、交付使用专家3个人组成小组，就涉及的各类问题现场拍板做决定，全面保证流程运作的顺畅和迅捷
减少面对面交流的可能	通过共享数据库的方式来简化部门之间的协调，减少各环节操作者面对面交流的机会，规避理解认知上的误差以及频繁交流造成的时间上的浪费
全面采用并行工程模式	利用网络通信、共享数据库和远程会议等方式，协调各类并行状态的独立活动，尽量避免各环节操作人员发生冲突的情况

3. 检测流程协调性

一般而言，新流程设计完成后，华为会以局部试点的方式，选择在管理者认识全面、员工素质优秀、见效速度快、对关键流程不至于造成致命影响的辅助流程中进行检测，这样才能避免对企业整体工作造成太大的负面影响。

为了对新流程设计的科学性和适宜性进行系统验证，华为会通过多点试验、长效试验或多轮反复试验等方法，获取一套具有高可信度和完整性的验证数据，用来科学评估新流程的效度和流程优化效果。

当然，新流程设计完成，并不代表流程优化工作就此结束。在接下来的操作中，相关责任人还会不断发现问题，提出持续优化的建议，消除流程中的不足和断点。在这样理性的持续优化过程中，华为得以建立起一套"以客户为中心"，足以协调各类业务的端到端的流程系统。

第四节　企业管理不宜极端化，有灰度才是常态

对于企业经营者来说，如果总是观点鲜明、非此即彼、非黑即白，未免过于极端化；如果能够在黑、白中间找到适宜的灰度，实现二元平衡，方为最佳的经营状态。对此，任正非这样说道："一个清晰方向是在混沌中产生的，是从灰色中脱颖而出的，而方向是随时间与空间而变的，它常常又会变得不清晰。并不是非白即黑、非此即彼。合理地掌握合适的灰度，是使各种影响发展的要素。在一定时期里达到和谐，这种和谐的过程叫妥协，这种和谐的结果叫灰度。"

一、什么是灰度管理

在企业日常管理中有两种状态，一种是精确管理，即在管理中将部分

管理内容予以量化和固化，如工作效率、KPI（关键绩效指标）等，还包括制度规范，都是精确管理的介质部分；另一种则是灰度管理。

什么是灰度？任正非提出："在变革中，任何黑的、白的观点都是容易鼓动人心的，而我们恰恰不需要黑的或白的，我们需要的是灰色的观点，在黑白之间寻求平衡。"这就是所谓的"灰度理论"。

华为提倡"灰度管理"，其初衷是指在企业发展的不同阶段需要采用符合当下实际需求的管理方式，并把精确管理和灰度管理有机结合起来，让精确管理尽可能地接近灰度管理，同时让灰度管理成为精确管理的缓冲区，最终使二者达到平衡。

如今，这套灰度理论已经被华为广泛应用，比如，以灰度看待人性，以灰度培养人才，以灰度看待企业内部关系等。可以说，实行一定的灰度管理，对于华为来说已经是一种常态。

二、实行灰度管理，把握权变状态

在一部分人的认知中，妥协就是软弱和不坚定的代名词。在这种思维认知下，人与人之间的关系仅仅是征服与被征服的关系，而毫无妥协的空间和余地。但是，在管理实践中，最理想的状态应当是保障目标能够实现，而不是为了争一时之气钻牛角尖或一头撞到南墙上。事实上，在坚持正确方向和必要原则的前提下，只要有利于目标的实现和进步，皆可在一定程度上做出妥协。

2015年初，任正非在人力资源委员会干部处人员的座谈会上讲道："开放、妥协、灰度是华为文化的精髓，也是一个领导者的风范。一个不开放的文化，就不会努力地吸取别人的优点，逐渐就会被边缘化，是没有出路的。一个不开放的组织，迟早也会成为一潭死水的。我们在前进的路上，随着时间、空间的变化，必要的妥协是重要的。没有宽容就没有妥协；没有妥协，就没有灰度；不能依据不同的时间、空间，掌握一定的灰度，就难有合理的审时度势的正确决策。"

我们可以这样理解，灰度是一种制度制衡与领导者权变完美结合的管理艺术，其在企业目标实现过程中发挥的作用是至关重要的。在企业经营过程中，坚持正确的方向与恰当的妥协并不是互相矛盾的；恰恰相反，恰当的妥协有时正是为了更好地把握方向和坚持原则。

有关妥协，任正非做了如下论证：

"妥协其实是一种非常务实、通权达变的丛林智慧，凡是人性丛林里的智者，都懂得在恰当的时机接受别人的妥协，或向别人提出妥协。"

"妥协是双方或多方在某种条件下达成的共识，在解决问题上，它不是最好的办法，但在没有更好的方法出现之前，它却是最好的方法，因为它有不少的好处。"

"妥协并不意味着放弃原则一味地让步。明智的妥协是一种适当的交换。为了达到主要的目标，可以在次要的目标上做适当的让步。这种妥协并不是完全放弃原则，而是以退为进，通过适当的交换来确保目标的实现。相反，不明智的妥协，就是缺乏适当的权衡，或是坚持了次要目标而放弃了主要目标，或是妥协的代价过高遭受不必要的损失。"

"只有妥协，才能实现'双赢'和'多赢'，否则必然两败俱伤。因为妥协能够消除冲突，拒绝妥协，必然是对抗的前奏；我们的各级干部真正领悟了妥协的艺术，学会了宽容，保持开放的心态，就会真正达到灰度的境界，就能够在正确的道路上走得更远，走得更扎实。"

"水至清，则无鱼。"领导要有胸怀，有气度，有容乃大，为企业和员工提供广阔的发展舞台。灰度如太极图中的阴阳鱼，阴鱼是黑色主体中有一个白点，阳鱼是白色主体中有一个黑点，阴中有阳，阳中有阴，万物在相互转化，相互渗透。

黑、白之间是灰色。灰度如中庸思想中的"执两用中"，知道事物的两个极端并根据实际情况采取"中庸之道"。

在企业经营管理中，坚持正确的方向，在必要时选择适度妥协，灵活应变，化解异议或冲突，助推异常状态平缓地向理想状态过渡，在混沌中逐渐明确方向，保持相对和谐，可以说，灰度管理是帮助企业实现"共赢"的关键。

实践中，哪些情况需要"灰度"？哪些情况需要黑白分明？一般而言，和人有关、和创新有关的，多用灰度管理；和事有关、和执行有关的，要黑白分明，进行精确管理。总的来说，精确管理体现的是企业管理的科学性，灰度管理是精确管理的缓冲区，体现的是企业管理的艺术性。两者得以平衡并形成有机融合，则会助力企业长期稳健发展。

三、开放与宽容，保持豁达的格局

2007年12月，任正非在香港与美国前国务卿奥尔布莱特进行会谈时，阐述了华为从创立到发展壮大的运作逻辑和思想原则，并首次将"开放、妥协"两个词和"灰度"并列在一起。他说，这是华为从无到有、从小到大、从弱到强快速发展的秘密武器。

1.保持开放，扩大边界

关于"开放"这一理念，华为内部是有过讨论的。一部分人认为，华为不必强调开放——对于一个强调创新的企业来说，开放不是最重要的。但是，任正非说道："华为一定不能重蹈覆辙。一定要在控制有效的基础上，进行转制改革。要像新加坡的方法一样管得很严，在严管的情况下，逐步去释放能量，释放过快就成了原子弹。但是，我们认为，这种很严厉、很苛刻的管理不利于企业长期稳定的发展建设，我们想逐步放松，再放松。"

任正非对开放的坚持影响着华为对待开放的态度。在日常管理实践中，华为长期坚持开放，接受不同的意见，使企业上下思想统一，团结一致，共同进步。

2008年，一位工作人员偶然听到客户抱怨："机房空间有限，却要安装三套网管系统，摆这么多电脑。为什么这么麻烦，就不能统一管理吗？"不久，华为的产品线便决定：开发统一网管解决方案，协助客户优化管理。

但是，在开发过程中却出现了专家观点冲突的情况：有的专家坚持按"设备"管理方案，有的专家则认为应该按"特性"管理方案……几方人员组织了十几轮讨论也未能达成一致意见。这时，一位领导说道："我们不能只关注自己方案的优点，而要试着自我批判，看看自己的不足和别人的优势。"大家听完，顿觉惭愧不已。随后，所有参与人员一起心平气和地交流，最终顺利解决了问题。

此后，专家们在组织反思会议时多次提及这一陈年经历，感慨道：

"心态开放，才能更好地创新。我们要像海绵一样，以开放的心态去接纳别人的思想。"

华为强调开放，坚持开放，乐于扩大思想边界，接受新思想、新观念，善于向优秀企业、优秀同事学习。这种长期的坚持，才使得华为能够适应瞬息万变的市场环境，在市场竞争中立于不败之地，瞄准正确的方向走得越来越远。

2. 呈现宽容，不求全责备

宽容是灰度管理的核心思想。在一个企业中，领导者的宽容可以有效处理好企业内外部的复杂关系，为企业打造和谐的环境氛围。

任正非曾对华为人这样说过："不要试图做一个完人，做完人是很痛苦的。要充分发挥自己的优点，使自己充满信心地去做一个有益于社会的人。"所以，华为也要求领导干部们：不要试图让每一个人都成为完人——只有不做事的人才不会犯错，没缺点的人也往往没有业绩。尤其是对于年轻的干部，要看到他们的优点。如果总是盯着一个人的缺点，往往会导致其因心理压力过大而胆怯，最终导致企业无人可用。领导的宽容会让企业的人才一步步成长起来。

在华为某研究所，部分中方主管要求撤换该研究所的一位本地主管，理由是他在周边合作方面表现不佳，经常与其他部门人员吵架；并且，此人性情急躁，抱怨较多。接到这一反映后，人力资源部立即组织人员进行调查。

调查组发现，这位主管从事的工作是预研工作，领导着 6 名员工，技术水平、管理能力、公正性都得到了团队成员的认可，且该团队创造了很高的绩效；其工作重点是技术研究，而不是部门接洽，并且与国内需要配合之处并不多。此人虽然脾气不好，抱怨较多，也是对上不对下，并未造成负面影响，即使理解为"及时与上级沟通"也未尝不可……经过一番调查之后，华为人力资源部决定留用这位主管。两年后，这位主管所带领的团队最终获得了公司的重大专利奖。

　　像案例中的情况在华为是比较常见的。不同的企业管理者身上有着不同的缺点，但是，这并不妨碍他们在自己的岗位上做出贡献。事实上，只要个人的行为未触及基本原则和底线，不必过于苛求。

　　可以说，是企业的宽容氛围，让华为云集了一大批高端人才，以便能够在面对突发事件时做出快速有效的应对。也恰恰因为这些人才，才形成了华为独特的凝聚力，使得华为走得更稳健，更久远。

—— 华为启示录五 ——

华为是否会垮掉，完全取决于自己，取决于我们的管理是否进步。管理能否进步，取决于两个问题，一是核心价值观能否让我们的干部接受，二是能否自我批判。

——任正非

◆ 企业从盲目、野蛮生长到规模化增长，从尚未认识和掌握社会历史的必然发展规律，不得不受到盲目力量支配的"必然王国"，到认识掌握社会历史的必然发展规律，使自身释放极大能量，切实提高企业效率效能的"自由王国"，这一系列标准化体系化的建立与规范实施，华为通过引入 IBM、Hay Group（合益）等机构的专业咨询帮助实现。

◆ 企业变革的首层阻力源于内部，从制度体系的制定到有效实施，进而形成内部文化力量，通常源于制度设计的严谨、准确以及制度贯彻的公平公正。

◆ 实施业务流程变革分三阶段："先僵化，后优化，再固化。"特别是最早5年，不允许幼稚的创新，按照顾问指导严格僵化实施；5年后可局部改动优化；10年后才可进行结构性改动后的固化。

◆ 精确管理体现企业管理的科学性，而灰度管理则体现企业管理的艺术性。企业经营过程中，坚持正确的方向与恰当的妥协，让灰度管理成为精确管理的缓冲区，两者平衡并形成有机融合，助力企业长期稳健发展。和人有关、和创新有关的多用灰度，和事有关、和执行有关的，多要黑白分明。

第六章
选贤任能，系统打造人才梯队

要敢于吸收国内外人才，不拘一格降人才。我们有足够的钱，足够大的空间，容纳天下英才，发挥他们的创造才华。

从战略格局来看，我们要有一股"新流"进来，让我们血管流着青春澎湃的血！

——任正非

第一节　CEO轮值管理，检验最合格的接班人

从企业人才梯队来说，处于最尖端位置的当属CEO及其接班人。而华为作为一家全球领先的高科技企业，尽管有着轮值董事长、集体领导制度，但其CEO及接班人人选问题却一直牵动着人们的心。

一、实行轮岗管理，开启接班人培养计划

事实上，华为早在1995年成功研发交换机之后，便正式提出了实行轮岗管理，以便培养更多高端人才。李一男事件之后，华为更是加大了以轮岗模式来培养人才的力度。

"人才不是华为的核心竞争力，对人才进行有效管理的能力，才是企业的核心竞争力。"概括地说，华为的轮岗管理主要有两种方式，一种是岗位轮换（轮岗），另一种是业务轮换（轮值）。前者是根据个体的绩效考核结果进行岗位调配，即不合格者降职，合格者升职；后者是针对某个岗位，去验证岗位需求与个体能力的契合度，并提升个体的原有业务能力。

1. 轮岗管理

1996年，华为内部发生了一次企业发展里程碑式的事件——市场部集体辞职。当时，华为的市场部中，从市场部总裁到各区域办事处主任的每一位正职干部都递交了两份报告：一份辞职报告；一份述职报告。而在后

续的竞聘考核过程中，约有 30% 的干部被替换——这部分干部甚至包括市场部代总裁在内。

自 1996 年的市场部辞职事件之后，华为将轮岗制明确了下来。而在这次轮岗过程中，除了孙亚芳等少数几个人之外，华为 90% 以上的干部都参与了岗位轮换；至于各人分别是升还是降，则主要通过个人的业绩考核结果来评估与判断。2007 年时，华为再次出现了集体辞职事件，外界称为"万人大辞职"。这也是华为轮岗换血、培养人才的新一轮实践。

众所周知，任正非非常赞赏"蓝血十杰"的科学管理模式。作为"蓝血十杰"之一，艾荷华·兰迪是一位坚定的轮岗制度执行者。他曾为福特公司招聘了数千名新员工，并安排这些新员工在公司内部各部门间实施轮岗，以期使这些人能够具备更完善的通用能力，为企业提供更好的服务。任正非经常鼓励华为高级管理者们向"蓝血十杰"学习，并且特别设立了"蓝血十杰奖"，用来表彰那些曾经为华为做出过突出贡献的人才。甚至，在华为大学里还流传着这样一句话："为什么汉元帝不知道王昭君？就是因为汉元帝后宫里的人没有循环起来！"由此足见，华为上下对轮岗人才管理的认同。

对于华为的轮岗管理，有人这样评价道："这是华为管理层的一次革新，历史上几乎没有企业进行过如此之大的人员调度。因为，没有企业舍得让自己的技术主管去管行政后勤，研发天才去下属子公司当经理。但是，华为敢，而且华为也确实通过轮岗管理获得了成功。"

2. 轮值管理

2004 年，美国顾问公司在帮助华为设计公司组织结构时，认为华为缺少中枢机构，所以华为建立了 EMT(经营管理团队)。自此，华为开始了轮值主席制度，由八位领导轮流任职，每人半年。

2011 年，华为建立轮值 CEO 制度。在轮值期间，轮值 CEO 是华为的最高行政首长。他们的任务主要是着眼于企业战略的规划和管理制度建设。同时，华为进一步下放了日常经营管理决策权，借此大力推动企业规模的扩张进程。实施轮值管理的好处非常明显：每一位轮值者都会在这段时间里担负起华为 CEO 的职责，系统处理日常事务，为高层会议的召开准备和起草相关文件。这一系列活动不仅为轮值者创造了更多的成长机会，还使得他们非常重视自己所管辖的部门与其他部门的协调配合，注重维系全局利益的平衡和公司的均衡成长。

2017 年，任正非提出"从铁的奋斗洪流中选拔成千上万的接班人"，决定破格提拔"4000+"人，希望经过两三年的时间，在持续的竞争和碰撞过程中培养出一批有视野格局、有超强战斗力的"小接班人"。2018 年4 月，华为开始了轮值董事长制度，每位董事长轮值 6 个月。目前，华为有 3 位轮值董事长，分别是郭平、徐直军和胡厚崑。

如今，华为创始人任正非参与企业决策的时候越来越少。有人问他："您打算什么时候退休呢？"任正非并没有给出一个明确的时间节点："我哪一天退休，取决于接班团队他们哪天不需要我了。"所以，他尽自己最大的努力，为接班人选提供足够的支持，并逐步让权于这些优秀的接班人。这些优秀的接班人也在这个轮值练兵的过程中，一步一步、扎扎实实地走到了台前，逐渐成为华为持续前进的引领者。

二、华为接班人很多，但不会是任正非家人

《华为公司基本法》第一百零二条明确规定："华为的接班人是在集体奋斗中从员工和各级干部中自然产生的领袖。"通过轮岗管理制度，华为培养了很多符合公司发展要求的接班人。

任正非在十几年前曾提出 3 个关于对华为接班人的要求：

一、华为的接班人，除了视野、品格、意志要求以外，还要具备对价值的高瞻远瞩和驾驭商业生态环境的能力。

二、华为的接班人，要具有全球市场格局的视野，交易、服务目标执行的能力，以及对新技术与客户需求的深刻理解，而且具有不故步自封的能力。

三、华为的接班人还必须有端到端对公司巨大数量的业务流、物流、资金流等简化管理的能力。

虽然华为对接班人的要求非常明确且严苛，但是随着华为的日益发展壮大，人们对华为的接班人选问题也日益关注。

2020 年，华为创始人任正非再次重申：家人子女不会接班。对于华为来说，接班人仅仅是一个带领华为前进的职位担任者，而个体的实力才是华为职位任用的依据。事实上，这也是很多任人唯亲的企业所应反思的一点。

第二节 资格胜任，实施领导干部负责制

为了选出胜任岗位工作职责的最佳人选，同时确保企业内部始终流动着新鲜的血液，华为专门搭建了一套高端管理人才体系，主要涉及领导力素质模型、任职资格体系以及内部人员循环体系。

一、明确领导干部角色，搭建素质模型

最初，华为对领导干部的素质要求和评价标准被归纳为"干部九条"，即关注客户、建立伙伴关系、团队领导力、塑造组织能力、跨部门合作、理解他人、组织承诺、战略思维和成就导向这九个关键素质。

2005 年，华为邀请 Hay Group（合益）咨询公司对华为领导干部的素质能力进行了更为具体而细致的规范，建立起了一套华为战略领导力模型。华为战略领导力模型主要包括三大方面：发展客户能力、发展组织能力和发展个人能力，涉及 9 个关键素质，如表 6-1 所示。

表6-1 华为战略领导力模型的主要内容说明

三大方面	主要内容	细化说明
发展客户能力	关注客户、建立伙伴关系	关注客户：致力于了解客户需求，并主动采取有效方法来满足客户需求的行为特征； 建立伙伴关系：一种愿意并能够发掘华为与合作伙伴的共同点、与之建立互利共赢的伙伴关系，从而更好地为华为客户服务的行为特征

续表

三大方面	主要内容	细化说明
发展组织能力	团队领导力、塑造组织能力和跨部门合作	团队领导力：通过激励和授权等方式，来促使团队成员关注重点事务，鼓舞团队成员积极解决问题以及运用团队智慧领导团队的行为特征； 塑造组织能力：通过辨别机会，不断提升其组织能力、流程和结构效能的行为特征； 跨部门合作：为了实现整体利益而与其他团队开展主动性合作以及全面提供支持性帮助的行为特征
发展个人能力	理解他人、组织承诺、战略思维和成就导向	理解他人：准确地了解他人的各类想法、心态或情绪的行为特征； 组织承诺：为了推动企业发展而承担各种职责和挑战的行为特征； 战略思维：用创造性或前瞻性的思维方式来制订解决方案的行为特征； 成就导向：关注团队最终目标和带来可能收益的行动的行为特征

经过一段时间的实践检验后，"干部九条"被高度概括为"领导四力"，分别是决断力、执行力、理解力和人际连接力，如图 6-1 所示。其中，决断力就是敢于做决定并善于做决定；执行力就是尽最大的努力把事情达成；理解力就是能够理解文字和语句背后的含义；人际连接力就是能够吸引并唤醒周围的人，使其愿意沟通并跟随。这四种能力被作为华为选拔干部时最为关键的标准，一把手最重要在于决断力，二把手最重要在于理解力。

对此，任正非解释说："理解力就是说，一个干部，他都听不懂你在讲什么，那怎么去执行、怎么能做好呢？第二个就是要加强中层干部的执行力，高级干部要有决断力。后来增加了人际连接力，成了四力。有了这四力，你才会有团队协作、意志力。决断力是通过关键事件行为考核的，包括理解能力、执行能力和人际能力，都是在关键事件行为中考核的。不是他来考试，而是完全都是通过他过去的关键行为来考核的。"

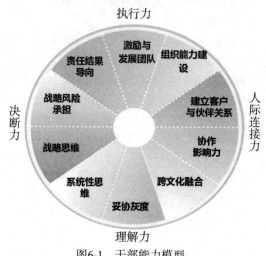

图6-1　干部能力模型

在人才领导力培养方面的成功实践，使华为得到了业界的广泛认可，其领导力培养和发展系统，甚至被人们视作华为的一项非常规武器。《创富志》主编张信东评价称，华为在领导力培养方面已经达到了登峰造极的水平，"即便任正非退休了，华为凭借现有的人才储备和领导人培养机制，依然可以较长时间内屹立不倒"。

二、打造任职资格体系，明确职业路径

作为高新技术企业，华为对尖端人才的需求是非常迫切的，尤其是对领导干部层面的人员需求。华为倡导并推出任职资格的目的在于通过明确任职资格，指导员工自发实现职业路径，并促使领导干部选拔规范化。

华为任职资格体系是人力资源管理体系的基础部分。它以薪酬制度为

立足点，将 KPI 体系贯穿于任职资格的构架体系中。一般来说，任职资格是基于工作内容进行类别细分，并于最终形成职位族。华为职位族划分（部分）如表 6-2 所示。

表6-2 华为的职位族

技术族	操作族	专业族		营销族	管理族
系统类	事务类	计划类	合同管理类		
软件类	司机类	IT类	质量管理类		
硬件类	保安类	流程管理类	监控类		
测试类	基层管理类	财经类	订单管理类	销售类	
机械类	现场工程师类	采购类	行政类	产品类	五级管理类
技术支援类	技术员类	人力资源类	法律类	营销策划类	四级管理类
特殊技术类	装配类	项目管理类	广告宣传类	市场财经类	三级管理类
专项技术类	调测类	产品数据管理类	编辑类	公共关系类	
技术管理类	物料类		基建类		
制造类	检验类	销售管理类	医务类		
电源技术类	设备操作类	投标商务类			

根据工作内容的复杂程度和所需技能水平，每个职位族被细分为不同的等级。而任职资格等级的划分则是对各岗位的胜任者所需要的资格和能力做出的制度性要求与区分。纵向上，会根据资格能力的高低，分出不同的高低层次；而在横向上，则根据承担职务（岗位）的性质，分出不同内容的资格能力，由此形成一套任职资格体系。

从职业发展的角度来说，华为员工可以选择两大类发展方向：技术类和管理类。通常，华为的新员工先从事技术性岗位，当其专业技能水平达到一定程度且管理能力出众时，他们既可以继续从事技术类职位，也可以转为从事管理类职位。

对于各职位等级，华为并未设置统一的起始点和终止点，而是设计了最低要求（职级标准）和最高要求（职级目标）。目前在华为，18 级是一道重要的分水岭，超过 18 级的人员即"领导/专家"；而大部分员工处于 18 级以内，工作 10 年的普通员工通常在 16 ～ 17 级。

任正非在 2020 年的一次讲话中特别指出："一旦他们（不管是外来的，还是内生的，还是新员工）做出突出成绩，贡献与能力都匹配，可以尽快一次从 13、14 级提到目标职级，当然也可以是 17、18 级，然后进入正常发展轨道。因为 13~17 级的人才是潜在水下的，是看不见的，到了 18 级就浮现了。"可见，华为至今仍然在健全人才管理机制，以促进高端人才的持续成长及其智慧才能的充分发挥。

三、干部要折腾，能上能下的内部循环

一个企业中，干部队伍最忌讳出现的现象就是温水煮青蛙，缺少斗志和活力。为了避免出现这样的情况，华为多年来一直提倡能上能下的干部成长路线。正如任正非所说："长江一浪推一浪，没有新陈代谢就没有生命。"华为必须把干部队伍的活力"折腾"出来。

1. 所有干部"能上能下"

"能上能下"的概念是任正非在 1998 年时正式提出来的。当时，任正非发表了一篇题目为《华为的红旗到底能打多久》的文章，并指出："我们要求每个员工都要努力工作，在努力工作中得到任职资格的提升。我们认为待遇不仅仅指钱，还包括职务的分配、责任的承担。干部的职务能上能下，因为时代在发展，企业在大发展，而个人的能力是有限的。这是组织的需求，个人要理解大局。"为了切实做到"能上能下"，华为严格依循两大原则来推进干部管理。

原则一：机会对于所有人都是均等的。机会均等是推进"能上能下"

政策实施的基础。如果在选择岗位人选时因人而异，那么必然导致部分岗位被某些人（比如老干部）长期占据，而其他优秀人才会始终无法获得施展个人才能的机会。为了避免出现这种情况，华为提出"不断清零的人才观"，让员工全部下岗后再重新竞聘，使"公平竞争，不唯学历，注重实际才干"的方针真正得到贯彻实施。胡厚崑曾公开表示："我们每年要破格提拔 4000 多个员工，以激活奋斗的力量，让优秀人才在最佳时间、最佳角色做出贡献。"可见，华为实际上是在激励每一位华为人主动抓住机会，勇敢地争取机会，积极地创造机会。隐藏在背后的，是华为对员工的殷切期望——希望他们能够通过努力，既能够为华为创造利润，又能够实现自我价值的持续提升。

原则二：对不前进者予以免职。任正非认为，领导干部要踏踏实实、态度严谨地去完成自己权责范围内的工作。当领导干部们不能切实履行职能——带领团队圆满完成任务，做好团队建设时，将被直接予以免职。他曾明确指出："华为的领导干部没有终身制，从总裁到工段长无一例外。我们的队伍越来越庞大，领导干部水平越来越高，考核也会越来越严格。公司将建立一套合理、公正的人员评价与考核系统，不称职的领导干部将免职，去从事适合他的工作；怠惰者将会被撤销职务，降低收入，直至辞退。"

给所有人以晋升与竞争的机会，对不前进者予以免职——华为"能上能下"的这两大原则，使得华为干部队伍得以优胜劣汰和持续成长，也给华为多年来的持续发展积累了强大的有生力量。

2.遵循"之"字形成长模式

除了"能上能下"之外，华为还要求所有干部实现"之"字形成长。

说起人才的"之"字形成长模式，是华为借鉴了美军航空母舰培养舰长的机制而设计的。

美军航空母舰的舰长通常为上校军衔，他们领导着数千名士兵，以及80架以上的战机。可以说，一位美军舰长所掌控的军事力量甚至远远大于部分小国的总体海军实力。因此，美军要求舰长必须满足两个条件。一个条件是在舰上驾机起降次数超过800次，飞行记录不低于4000小时，并担任过飞行副中队长（30个月以上）。另一个条件是核航母舰长必须参加过16个月以上的核技术专业学习，而且在核动力航母上负责作战和在负责行政事务的岗位上任职3年以上。只有满足这两个条件的优秀指挥官，才有资格成为舰长的候选人。

这种在晋升舰长之前进行的上下反复、平行调度的模式，与汉字的"之"字非常相似，因而人们将这种人才成长模式称为"之"字形成长模式。任正非借鉴了这种舰长培养模式，并且在华为的企业管理实践中广泛运用起来。

2009年，刚刚从美国考察归来的任正非在与华为核心工程队相关人员座谈时，曾重点强调："过去我们的干部都是'直线'型成长，对于横向的业务什么都不明白，所以，现在我们要加快干部的'之'字形发展。我们强调猛将必发于卒伍，宰相必起于州郡。当然，我们是优先从这些实践人员选拔，今天我们同时将各部门一些优秀的苗子放到最艰苦地区、最艰苦岗位去磨炼意志，放到最复杂、最困难的环境，锻炼他们的能力，促进他们的成长，加强组织的选拔。想当将军的人必须走这条路，这就是我们组建这个队伍的目的。"

不过，任正非也在实践中发现了一个问题："之"字形成长模式并非适用于所有员工。事实上，对于基层员工和基层干部而言，采用"之"字形进行岗位轮换的实际价值并不大；而对于高级管理者和一部分综合性专家来说，这种培养模式却是最适合不过的了。

第三节　聚集优秀人才，得人才者得天下

21世纪最贵的是什么？人才！所以，得人才者得天下。任正非在内部会议上说过这样一段话："华为要容得下世界级人才，IT 存储要建立一支全面超越 EMC 的专家队伍。这个世界上，仅凭一个人是不能做到优秀的，要学会把一些优秀的人才用起来，就是要用好人家的介质，发挥好自己的关键点。"由此，足见华为对优秀人才管理的重视程度。

一、优选人才，打响人才争夺战

企业需要人才，尤其是需要具备超强战斗力的且能够对企业发展发挥重要意义的精英人才，而华为所选择和培养的正是这样一群人。

1. 以高收入吸引海量人才

在吸引人才方面，华为采用的方法非常简单直接，就是舍得给员工发放高薪。对此，任正非曾发表了一个十分鲜明的观点："高薪不一定能留住人才，但低薪一定不能留住人才。"他认为，企业想要招揽和激励人才，就必须为人才设计一套具有市场竞争力的薪酬管理机制，并提供持续加薪的机会。事实上，无论哪一家企业，其员工之所以努力工作，一个基本前

提便是他们能够通过自己的付出而获得基本生活保障。因此，企业的高薪酬设计便会在很大程度上激发员工的昂扬斗志。

2000 年前后，华为实施了一项"IT 人才掠夺计划"。当时，应届本科毕业生的平均月薪只有 800 元～1200 元，华为却开出了 5000 元以上的月薪。如此一来，华为将当年全国最优秀的通信领域高才生——东南大学无线电专业和重庆邮电大学电信专业的毕业生几乎全数纳入麾下。重庆邮电大学电信专业的一个毕业班有 40 余人，其中有 39 人进入华为。等竞争对手回过神儿来，也只能望洋兴叹了。

时至今日，我们再来回忆华为当年为"掠夺人才"所采取的种种举措。支付 5 倍的薪水去吸引和抢夺人才，事实上这一做法还仅仅是冰山一角而已。据华为内部资料显示，1996 年，本科毕业生、硕士研究生、博士生进入华为时的工资分别以 2500 元、3000 元、4000 元起步；到了 1997 年，便开始涨至 4000 元、5000 元、6000 元以上。同比之下，国内电信设备制造企业中，当时只有中兴开出的薪酬能够与华为的薪酬比肩，但两者之间仍然有 1000 元的差距。

那么，为什么华为会突然大幅调整薪资吸引人才呢？原来，华为自从 1997 年进军国际市场后，颇感举步维艰，任正非更是深刻地感受到高端人才之于企业发展的重要性。他认为，华为必须聚集足够多的优秀人才，形成人才竞争力，进而打败竞争对手。而提供高薪酬则是华为选择的最简单粗暴却极为有效的方法之一。

华为的高薪酬政策从那时起就延续了下来。2013 年，华为招聘本科毕业生时许诺的起始工资已经上升到了 9000 元，研究生为 10000 元；而当时国内相关专业的应届本科毕业生和研究生平均工资也才 6170 元和 8200 元而已。从薪酬值来说，华为为新员工设计的薪酬水准，往往是中小企业为中、高层管理者和核心技术人员提供的薪酬水准。对于那些刚走出校园的毕业生来说，如果有一家企业既有发展潜力又能够提供丰厚薪酬，那么无疑将会是他们的首选对象。

2015 年 9 月，华为消费者业务总裁余承东在清华大学高校招聘宣讲会上高调地宣布，华为 2016 年将从全国各大高校招聘超过 1 万名应届毕业生，起始年薪最高可超过 35 万元。之后，华为董事、公共及政府事务部总裁陈黎芳又在北京大学进行了一次声势浩大的校园招聘。她在招聘会上说出的一句名言，至今让人记忆犹新："除了牛人，我们一无所有。除了牛人，我们别无所求。"

的确如此，华为甚至用明确的制度内容来设计了高薪酬。《华为公司基本法》第六十九条中明确规定："公司保证在经济景气时期和事业发展良好阶段，员工的人均年收入高于区域行业相应的最高水平。"华为如此设计报酬与待遇的目的只有一个，就是甄选优秀人才，为企业智力库积蓄更多人才。

2. 量能取才，任人唯贤

当然，吸引高端人才仅仅是华为人才战的第一步。当华为吸引越来越多的人才进来之后，其下一步要做的就是选贤任能。对此，华为的管理者提出了这样的用人原则和要求：不受学历、证书、背景等因素限制，重视个体的能力与品德。

原则一：不唯学历，而以能力贡献选用人才

在华为，学历仅仅是一块得以入门的砖头——自员工走上工作岗位起，这块敲门砖便仅仅是一条备注说明而已。对于那些高薪低能的人员来说，高学历并不是他们在华为蒙混过日子的保证，更不能成为领导者提拔的对象。

任正非曾对华为高管强调："人们往往将素质理解为认知能力，看他是不是博士、硕士学历。认知只是代表你知道了多少。我们强调的素质不是表面上的素质，而是强调品德和工作能力，就是贡献和结果。"在这样的价值观引领下，华为成功地培养出一大批具有实干精神、愿意从基层做起的优秀人才，这批人被称为"华为通信大厦建设过程中的忠实的泥瓦匠"。

有一次，华为为某地进行网络质量提升。当时，华为人遇到的问题非常多：地理环境复杂，网络优化时限临近，工程质量与效率之间的矛盾，等等。在此过程中，他们又遇到了一个棘手的大问题，让他们的工作变得难上加难：他们需要排查处理网上几个 VIP 的话音质量。要想处理好这个问题，就必须完成多项高风险、高难度的工作任务。

但是，项目组并没有合适的人员去专门处理这个问题。最后，一位原本负责网络优化的员工主动承担了这个任务。这位员工毕业于一所普通大学，他自觉学历不足，所以工作中非常努力——每次项目组遇到问题，他都会冲到前面，想方设法解决问题。项目组此次遇到问题，他再次迎难而上。在那段日子里，他白天正常处理问题，下班后参加问题分析例会，非常忙碌。多日的摸爬滚打，使他头发蓬乱、身带污泥，同事们称他是项目组的"泥瓦匠"。

其实，这样的"泥瓦匠"在华为有很多。他们虽然没有极高的学历，但是踏实肯干，愿意为企业全力奉献，始终无怨无悔。而华为对于这些贡献卓越的人才，也会给予极高的肯定。任正非曾在一次华为EMT办公例会上指示华为管理层："有过成功经验的连长可以直接提团长，有过成功经验的团长可以直接提军长，没有必要一定要经过营或师这一级，因为只要他带过一个团了，到一个军只是放大了而已。"

1997年，华为的一位新员工延俊华给任正非写了一封谏言信，题目为《千里奔华为》。在这封信中，他指出了华为内部存在的很多问题并提出了发展建议。任正非称赞他是"一个会思考并热爱华为的人"，还安排将原文和讨论一并发表在华为内部《管理优化报》上，并组织各部门骨干学习讨论。

3. 以贤良品格作为委以重任的前提

在华为，道德品行是最重要的一个评估项，甚至于一个人的责任态度会直接影响到其职务任免。任正非指出："我们区别干部有两种原则，一是社会责任（狭义），另一个是个人成就感。社会责任不是指以天下为己任，不是指先天下之忧而忧、后天下之乐而乐的这种社会责任，我们说的社会责任是在企业内部，优秀的员工是对组织目标的强烈责任心和使命感大于个人成就感。是以目标是不是完成来工作，以完成目标为中心，为完成目标提供了大量服务，这种服务就是狭义的社会责任。有些干部看起来自己好像没有什么成就，但他负责的目标实现得很好，他实质上就起到了领袖的作用。范仲淹说的那种广义的社会责任体现出的是政治家才能，我们这种狭义的社会责任体现出的是企业管理者才能。"

也就是说，华为和任正非把社会责任和个人业绩设定为企业用人的基础条件。具体到管理实践中，华为常常会根据一系列客观公正的员工考评结果，委派最有责任心的人员去负责较为重要的工作任务，以让其获得更好的成长机会。

总体来说，华为在人才的选用上既是严格的，也是宽容的。严格是指华为会筛选出真正有能力的人才；宽容是指华为会为每一个有能力和有责任心的员工提供自我展示的机会与充分发挥个体所长的舞台。

二、板凳要坐十年冷，苦练基本功

作为一家高科技公司，华为通过技术研发来保持技术创新和竞争力提升，这对研发人员提出了极高的要求。任正非曾在研究试验系统先进事迹汇报大会上说过这样一段话："只有全身心地投入、潜心钻研，才会有爱因斯坦、居里夫人、瓦特与贝尔……才会有没有受过系统教育而成为发明大王的爱迪生。人只要热爱它，终会认识它，在严格的、大量的实践中，看出破绽，产生新的突起。没有实践的创造发明越来越难。长期不懈地做事，最终将创造奇迹，这是历史的启示，也是量变到质变的规律。我们必须有所作为，一切有志于献身事业的人，都应义无反顾地勇往直前，不管两旁的鲜花、荆棘。"

事实上，几乎对于所有从事研发工作的人员来说，他们都需要一种持久的耐力，一种甘于长期坐冷板凳的坚毅。然而，冷板凳常常是人们一提起就头痛的话题——毕竟每个人都不希望自己长期担任配角。但是在特定环境里，能做主角的人总是数量有限的，这就注定了有一部分人不得不长期在冷板凳上"熬着"。

清华大学博士杨玉岗刚刚进入华为时，本以为自己必然会被重用，没想到只是被安排去做与电磁元件相关的工作。他想不通："为什么我作为一个名牌大学博士毕业的高才生却未能得到重用？我应该做项目，而且是做大项目才对啊！"在杨玉岗看来，每天做这类小事，只能用到自己所学的一小部分专业知识，完全没有什么成就感，更别说发展前途了。他觉得，为这种"小事"坐冷板凳，付出宝贵的时间和精力，有些不值。不过，虽有不解，甚至感到自己的实力被掩盖了，但他还是听从了领导的工作安排。

随着杨玉岗工作经验的持续丰富，他发现，电磁元件虽然体积较小，但会从根本上影响产品的整体质量水平。于是，他开始在这项工作中投入精力认真钻研起来。2000 年，在华为相关部门领导干部的大力支持下，杨玉岗开始负责对电磁元件进行改进的项目。经过长时间的尝试和探索，他带领的项目组取得了非常好的成绩，申请了专利，为公司创造了非常可观的收益。后来，杨玉岗在华为内部刊物《华为人》报上，发表了一篇题目为《板凳要坐十年冷》的文章，给公司内部员工以极大的触动，并受到任正非的表彰。

任正非多次向员工列举诸多创造了突出成绩的科学家。比如，爱因斯坦从 16 岁时便考虑光速的内在矛盾问题，36 岁时正式提出相对论，累计耗时 20 年；瓦特用了 8 年时间研制改良蒸汽机并实际应用，使人类进入"蒸汽时代"；贝尔用了 3 年时间研制出电话。国内科学家如钱学森、华罗庚、邓稼先、李四光等人，也都具有长期坐冷板凳的毅力与献身精神。

在任正非看来，这些杰出的科学家甘坐冷板凳、发愤图强、全力以赴、钻研工作的精神，是值得所有华为人去学习与发扬的。对于员工个人来说，只有具备了这种精神，才能在自己专注的领域里最终创造出卓越的成绩，从而更好地实现自己的人生价值。正如任正非所说："能够在冷板凳上坐的都是一代英豪。"坐得住冷板凳，耐得住寂寞，最终才能守得住精彩。

三、既需要一线专家，也需要工程商人

2020 年 10 月 10 日，华为的心声社区刊发了任正非近期在公司内部的讲话。他表示，管理机制的落后正在抑制华为的进步，华为要向美国、俄罗斯等国的企业学习尊重专家，否则就无法正确地发挥出科学家、专家、人才的价值。将来，华为会更为强调专业的作用，逐步由专家角色来当家做主。由此足见华为对优秀专业人才的重视程度。

1. 真正的专家要源于一线

当然，华为要求专业人才不能仅仅是理论专家。事实上，优秀的人才不仅在理论知识方面有丰富的积累，还应在实践方面具有丰富的经验。一个人如果只拥有深厚的理论功底，不曾经过一线工作实践的锤炼，那么他是很难快速成长起来的，反倒可能成为"伪专家"。只有那些被实践打磨之后的人才，最终才会成为真正的专家。

因此，任正非提出："真正的专家要源于一线。"他呼吁华为的中高层领导要像新员工一样到基层忍受"煎熬"，通过实践去积累更多的管理经验，成为行业领域内真正意义上的专家。在《追求专业造诣，走好专家路》一文中，任正非这样说道：

"对于专家的培养，我们过去有一些成见和误解，往往认为总部才是专家的摇篮。理由很简单而且看似合理：总部资源丰富，视野开阔，同时距离研发最近，从而做一线时间过长也成了很多人解释自己技术退化、知识沉淀不足的自然而然的借口。这些认识固然有一定的道理，但是仔细推敲却不见得有其内在的必然性，并且容易让人忽视一线实践对于专家培养的重要性。正如有位客户这样评价我们的技术人员：你们有些专家能讲清楚光纤的种类，却讲不清楚光纤的熔接；能讲清楚设备功耗的指标，却无法为我推荐一款可靠的电池；能讲清楚业务发放的流程，却从来没有去过运营商的营业厅。"

"真正的专家是不能缺少一线经验的，我们最好的给养其实来源于我们的客户。专家要从一线中来，也要到一线中去，在与客户的碰撞和交融中，检查和修正我们对待专业的标准，避免成为'伪专家'。"

任正非对"实践出真知"的道理深信不疑。华为对人才选聘的高标准，已经决定了想要成为华为人，就必须拥有丰富的理论积淀。如果这批人勇于实践，善于总结，经过了"炮火"的猛烈洗礼，那么他们必然会快速成长起来，其能力水平势必会得到极大的突破，成为华为真正可用的栋梁之材。事实证明，任正非的观点是非常正确的。

　　李云翔（化名）刚入华为时被安排从事产品开发工作，但是他并不清楚这些产品的实际应用情况，这导致他的工作进展得非常不顺利。为了加强与实践的接轨，他白天学习测试，晚上又紧锣密鼓地搜集那些跟自己工作相关的实践案例，梳理研发思路。

　　后来，李云翔去参加某个项目的第一个商用网启动仪式。在验收测试过程中，项目组突然遇到了问题，导致测试无法顺利进行。就在众人一筹莫展、不知所措之际，李云翔想到了之前搜集过的一个案例，茅塞顿开，难题就此迎刃而解。这件事让李云翔第一次感受到了总结实践经验的裨益。

　　后来，李云翔得到了更多的亲身实践机会。有一次，他被派往海外办事处——该办事处被华为人称作"世界上最寒冷的海外办事处"，白天的气温达到零下30摄氏度。然而，即使在天寒地冻的恶劣气候环境下，李云翔也坚持在现场处理问题时对应记录操作细节。回到基站之后，他会在第一时间里总结出其中最有价值的部分，形成实践案例描述，并在公司内部网站上发表和分享。在这样的实践与总结的过程中，他很快从一窍不通的"菜鸟"变成了公司内部的"专家"。

　　事实上，很多华为人的成功经历都在证明一个道理：只有那些从实践中摸爬滚打并认真总结归纳的人，在再次面对困难的时候，才会更加冷静，才能采用最为有效的处理办法。在与竞争对手的激烈碰撞中，他们更会焕发出高昂顽强的斗志和锐意进取的勇气。这也是使一个企业最终取得决定性胜利的重要条件之一。

2. 让研发人员成为工程商人

在研发领域经常存在一种现象：部分研发人员会单纯地"为了设计而设计"，完全不顾及其设计是否是目标客户的现实需求；而对于企业来说，这种相对盲目的设计会给企业带来极大的成本消耗，甚至导致资金链断裂，难以支撑研发工作的持续开展。这种现象在创业型企业中不算少数。

为了避免此类现象的出现，华为对研发人员提出了一个非常实际的要求，并给出了一个颇为新颖的概念，叫作"工程商人"。任正非指出："客户需要实现同样目的的服务，越简单越好。我们要使那些能把功能简简单单做好的工程商人得到认可，才能鼓励以客户为中心在研发中成长。因此，我希望大家不仅仅做工程师，要做商人，多一些商人的味道。"

更有甚者，华为在多年技术研发过程中还采用了一种独特的借力模式——站在前人的肩膀上去谋求个体的发展与进步。事实上，华为在很长一段时间里都是在其他企业的先进成果的基础上进行功能特性的改进或集成能力的提升。这种方式可以帮助华为减少专利开发的时间，更快速地抓住市场机会。

简单地说，华为的一切行动皆是以满足客户需求为目标。但在这个满足的过程中，华为人绝不盲目蛮干——"为了设计而设计"，而是尽可能地选择更经济可行的方法去满足和实现客户需求；绝不单纯地追求研发能力的迅速提升，而是更充分地借助人才实力去创造更大的经济价值。这实在是一种高明的企业经营模式。

第四节　持续追求进步，打造学习型组织

在人才培养方面，华为有一个非常突出的表现，就是鼓励企业成员以虚心的态度去习得最新的知识与技能，要求人才始终处于追求进步的状态。通过这种方式，华为被打造成为一个典型的学习型组织，并组建了一支具有超强战斗实力且饱含工作激情的尖端人才队伍。

一、实施末位淘汰，不前进的干部就免职

为了让企业内部人员始终保持激情澎湃的状态，华为采用了末位淘汰制，激发各层级人员的危机感。

1999年，任正非在《能工巧匠是我们企业的宝贵财富》一文中这样写道："由于市场和产品已经发生了结构上的大变化，现在有一些人已经不能适应这种变化了，我们要把一些人裁掉，换一批人。因此每个员工都要调整自己，尽快适应公司的发展，自己跟上公司的步伐，不被淘汰。"随后，一套围绕价值贡献而设计的内部评价与淘汰制度便在华为内部正式出台了。此后，华为每年保持5%的人员自然淘汰率，连续在绩效考评排名中位于最后5%的员工和干部都会被淘汰掉，这套制度一直被华为内部人员称作"末位淘汰制"。

华为实施这一制度的初衷在于通过淘汰这5%的落后成员，来激发全体成员的危机意识，防止企业内部惰化氛围滋生，激励企业全体成员努力

奋斗，创造出更大的价值，贡献出更大的力量。

但是，华为并不主张大量裁员。在华为，"淘汰"并不意味着"直接辞退"。事实上，首次被"淘汰"的员工可以通过"下岗再培训"的方式待培训合格后再次竞聘上岗。如果他在下一次绩效评价时表现卓越，那么他会获得重新返岗或换岗的机会。不过，那些被持续淘汰的企业成员则会被真的辞退。对于华为来说，这种做法，既可以强化企业全员的危机感，又可以为企业降低因重新招聘和培养新人所造成的不必要的成本支出。

任正非在《雄赳赳、气昂昂、跨过太平洋》一文中指出："若3～5年内建立不起国际化的队伍，那么中国市场一旦饱和，我们将坐以待毙。今后，我们各部门选拔干部时，都将以适应国际化为标准，对那些不适应国际化的，要逐步下调职务。"任正非在生产系统领导干部就职仪式上的讲话中还指出，华为的领导干部没有终身制，从总裁到工段长无一例外。

也就是说，每一个华为人都没有资格去享受终身干部制。一些高级干部在被末位淘汰后，会被安排去重装旅任职，重新创造辉煌业绩。多年来，部分华为高管（如徐直军、杨汉超、郑树生、洪天峰、毛生江等）都有过因考核排名靠后而从副总裁之位被降至办事处主任的经历。

为了使企业长期处于进步的状态，华为一直倡导所有成员都努力学习，并构建起了一种员工高度自主、群体追求进步的学习型组织模式。

二、建立华为大学，打造将军的摇篮

2013年任正非与华为大学教育学院"座谈会纪要"中提到："用最优秀的人去培养更优秀的人"是日本人的口号。如果没有这一百多年来对教育的疯狂投入，日本就不会有今天，日本最大面值的纸币印的是教育家（日本现行4种面额纸币，其中最大面值1万纸币上印的是日本作家、教

育家福泽谕吉，还有几位是医学家、小说家）。在 100 多年前的极端困难时期，这个国家的天皇还要省一顿饭钱拿去搞教育。正是基于这种重视教育的理念，为了推动整个企业承袭成功经验、延续优良文化，华为专门建立了华为大学，设计了系统的培训与学习体系。

事实上，任正非早年便阐明了关于建立华为大学的设想："我们要办什么样的华为大学？首先，华为大学没有固定的场所，没有固定的组织形式。其次，它是一种以自学为主的教育引导体系。它主要是通过引导干部员工不断进步，严格要求自己，约束自己，使自己向着目标逐步迈进。这就是华为大学的真谛。"事实上，华为大学确实做到了这一点。

华为大学是 2005 年正式注册的，坐落于深圳市，占地面积达 27.5 万平方米，其中教学区的面积为 15.5 万平方米。校内设置有 9000 多平方米的机房、100 余间教室和 500 多个办公座位，可以同时容纳 2000 人进行培训。目前，华为大学的培训师专、兼职皆有，分布于中国国内和世界各大洲的分部 / 代表处。

任正非说，华为希望"把华为大学变成培养将军的摇篮"，成为提升企业价值的使能器及华为培养人才、选拔干部的重要阵地。在实践中，华为大学主要从以下两大方面发力。

1. 面向内部人员的能力提升

在对内方面，华为大学严格遵循企业发展总战略和人力资源战略，搭建起一套系统而科学的人员培训管理体系。通过对技术开发人员和管理人员的系统培养和针对性实力升级，来助推华为的总体战略落地、业务持续发展和员工个体增值等目标切实实现。

2. 面向外部的业务拓展和服务

在对外方面，华为大学主动积极地配合公司总战略、子业务战略和客户服务策略的贯彻与落实，为华为的不同客户群和合作伙伴等群体全面提供各种有效的技术和管理培训解决方案，竭尽所能地提升后者的综合满意度。此外，华为大学还与这些外部群体一起分享华为在运营与管理等方面积累的成功经验，以期实现协同发展，共同成长。

可以说，华为大学的系统建设，使华为的人才能力和素质水平都得到了极大的提升，突破了企业成长的阶段性限制。同时，也使华为与客户、同行业者之间的关系更为融洽，有效地推进了行业生态圈的和谐建构。

三、不做无偿培训，以投入保证产出

在华为的人才培训体制中，有这样一条不成文的规定："人力资本增值必须大于财务资本增值。"我们可以这样理解：人是世界上最宝贵的财富，华为的目标是通过提升企业内部人才的个体价值，来实现企业整体财务的增值效果。

为什么华为如此重视人才培训和人才增值效果呢？这与华为的人力资本投入有着非常密切的关系。在过去的这些年里，华为每年都会将总收入的 10% 以上作为下一年的研发经费，近年的研发投入更是达到了 15%；而在人才培训方面，华为每年培训的新员工超过 2 万人，最多一年甚至高达 3 万人，这同样是一笔巨额的费用支出。如此持久而巨额的资本投入对于企业而言无疑是一种极大的压力。而从另一个角度考虑，如果华为研发人员的素质能力明显不足，那么这些付出的巨额投入就成了巨额的成本浪费。

为了确保人才增值目标的实现，华为必须确保人才培训工作取得预期效果，同时也要有效控制员工培训成本。为此，华为在国内开创了一种新型的企业大学运营管理模式——自负盈亏。

在建立华为大学的初期，华为为保证其能够正常运作，划拨了一定的经费。近些年，华为已经不再需要为华为大学投入经费。这是因为，在华为大学的运作过程中，不仅有外部企业支付经费——外部企业和人员在华为大学参加培训时需要支付学习费用，甚至那些需要在华为大学参加培训的内部员工也是需要自己支付相关学习费用的。

一般而言，华为新员工可以在华为大学接受免费培训，但老员工若想在华为大学参加培训，那么就需要自己支付培训费用了。平时，华为大学会将不同的学习资源及时推送至企业的学习平台上；员工们则可以结合自己的实际需求，自主申请学习内容，并协调好学习和工作的时间。

华为大学的每期课程通常历时数天，学员需要自付学费数万元，参训人员在参训期间必须请假停薪。纵然如此，华为的员工仍然积极参加华为大学的培训课程，以便系统提升自己的专业能力水平，进而获得更强的晋升实力和更多的发展机会。

曾经有人认为华为大学采用培训收费的做法有失妥当。针对这一质疑，任正非明确指出：如果华为大学不收取费用，那么很可能导致企业的资源被无限调用；而员工在参加培训学习期间又往往不能继续为企业创造价值贡献。这样一来，最终必然导致企业被拖垮。但是，如果华为大学采取自负盈亏的方式，不仅会解决经费问题，还会促使华为大学的培训师们想办法去提高自己的培训业务水平，积极创造让员工们愿意付费的培训课程和服务。

纵观华为大学十余年的价值贡献，任正非的思路无疑是正确的。如今，华为大学已经成为华为的一项增值业务板块。而为培训付费的"客户"们（外部客户和内部员工）则因付了费、"出了血"，故而更加重视参加培训的机会，在学习过程中的态度更为认真、刻苦。在他们系统而深入地挖掘自己在华为大学所获得的能力的过程中，也同步实现了华为与客户、企业与个人、企业与大学的多主体共赢目标。

—— 华为启示录六 ——

我们要求每个员工都要努力工作，在努力工作中得到任职资格的提升。我们认为待遇不仅仅指钱，还包括职务的分配，责任的承担。干部的职务能上能下，因为时代在发展，企业在大发展，而个人的能力是有限的，这是组织的需求，个人要理解大局。

高薪不一定能留住人才，但低薪一定不能留住人才。

——任正非

◆ 公司职位任用依据为个体实力，而非任人唯亲，企业的接班人不可唯一，避免孤注一掷时人才流失的被动。通过轮岗管理与轮值管理培养，筛选一批企业接班人，为企业留下更多生存必备的"氧气"。

领导干部是人才梯队的中流砥柱。领导干部的素质能力水平与工作激情状态是企业朝着正确方向行进的主要牵引力，也是企业需要着力控制的重点方面之一。

◆ 得人才者得天下，以高收入吸引海量技术类和管理类人才。而后，通过上下反复、平行调度的"之"字形成长模式，夯实一线实践经验，激发、培养企业所需的优秀人才。

◆ 培养企业的学习氛围，构建学习型组织，推动企业的持续进步，可通过建立企业大学实现。企业大学的运营管理模式：一、只在初创期提供一定经费支持，兼收内外部学员，自负盈亏，避免企业资源被无限调用，同时倒逼培训师不断优化提升培训品质；二、为新员工提供免费培训，老员工为系统提升自身能力，获取更强的晋升实力与更多的发展机会，请假停薪、自付学费参加培训。学员更珍惜自己选择停薪付费（付出成本）的学习机会，形成自发的学习氛围。最终既系统深入地挖掘企业大学的能力，也同步实现了企业与客户、企业与个人、企业与大学的多主体共赢目标。

第七章
繁荣的背后永远充满着危机

公司所有员工是否考虑过，如果有一天，公司销售额下滑、利润下滑甚至破产，我们怎么办？我们公司的太平时间太长了，在和平时期升的官太多了，这也许就是我们的灾难。"泰坦尼克"号也是在一片欢呼声中出的海。而且我相信，这一天一定会到来。

……我们好多员工盲目自豪，盲目乐观，如果想过的人太少，也许就快来临了。居安思危，不是危言耸听。

——任正非

第一节　战战兢兢如履薄冰，警惕华为的冬天

如果给所有企业做个危机感排名，那么华为一定是名列前茅的。任正非曾说："十年来我天天思考的都是失败，对成功视而不见，也没有什么荣誉感，自豪感，而是危机感……我们大家要一起来想怎样才能活下去，也许才能存活得久一些。失败这一天是一定会到来，大家要准备迎接，这是我从不动摇的看法，这是历史规律。"这种面向危机的思考，促使华为上下时刻警惕着可能出现的危机，或在遇到危机时竭尽所能，全力迎战。

一、天天居安思危，绝不是危言耸听

溯源华为的居安思危，是从企业高层领导开始的，而后渗透到整个企业。甚至于这种危机意识管理不是从近年才开始的，而是从 20 年前华为的利润刚刚开始占据中国电子百强企业的首位时，便已开始了。

2001 年 3 月，任正非在华为内部刊物上发表了一篇文章，题目为《华为的冬天》。在此文中，他对未来可能遭遇的危机和失败进行了深谈："公司所有员工是否考虑过，如果有一天，公司销售额下滑、利润下滑甚至会破产，我们怎么办？我们公司的太平时间太长了，在和平时期升的官太多了，这也许就是我们的灾难。泰坦尼克号也是在一片欢呼声中出的海。而且我相信，这一天一定会到来。面对这样的未来，我们怎样来处理，我们是不是思考过。我们好多员工盲目自豪，盲目乐观，如果想过的人太少，

也许就快来临了。居安思危，不是危言耸听。"自此，华为关于各类危机的持续关注与重视，开始激励着华为上下一步一步地、艰难而又坚定地从国内走向了全世界。

再后来，华为的领导干部集体离职，又重新应聘上岗。这个在危机感驱使下而出现的特别行动，极大地激发了华为人的集体动能，并为华为带来了新的腾飞契机——此后，华为在世界通信领域的排名迅速升至第二名。可以说，几乎华为每次采取大动作、大打"危机牌"的时候，世人必然会看到华为腾飞之举。比如，华为一度发出"全员降薪""华为最好的时候已经过去""让高层有使命感，让中层有危机感，让基层有饥饿感"等口号或颇具危机感的观点，其实质都是华为凝结全员力量，以期登顶下一座高山的动员令和集结号。

二、让高层有使命感，让中层有危机感

伴随着华为体量的不断增加和在业界影响力的不断提升，华为的一部分人明显开始有些"飘"了，骄傲了。但是，任正非深知，如果企业因安逸而失去使命感和危机感，那么整个企业队伍必然会失去战斗力。这就如同一群失去尖爪和利齿的狼，无论其过去多么勇猛可怕，最终必然陷入绝境，无路可走。

而从企业经营管理的角度来说，如果要避免这种情况出现，那么企业上下必须具有危机意识，通过危机的落实而让所有企业成员都能始终保持昂扬的斗志，并在企业可能遭遇危机之时勇敢向前进军。

基于这一初衷，任正非提出了一套危机管理规则：高层干部要有使命感，中层干部要有危机感，基层员工要有饥饿感。为什么要这样强调？任

正非对华为 EMT 成员进一步解释道："干部要有使命感，有使命感就会积极创造组织的造血功能，为了实现一个目标，想尽办法去做，就是在为组织造血，只有不断造出血来，企业才有旺盛的生命力。公司发展到今天，依然处在创业阶段，让高层有使命感，让中层有危机感，让基层有一定饥饿感，是符合现实需要的。要通过人力资源政策导向，适当地营造这种'使命感、危机感、饥饿感'，并用制度将其转化为全体员工努力工作的动力。"简言之，华为要让危机意识扎扎实实地深入人们的思想深处，让危机感有力地牵引着华为人持续奋战，向前方、向未来发起进攻。

可以说，正是因为华为人既能够预见繁荣，也能够洞悉繁荣背后隐藏的危机——这种高瞻远瞩与危机感并存的模式，使世人得以看到十几万华为人长期坚持艰苦奋斗的身影。

三、我若贪生怕死，何来让你们去英勇奋斗

面向未来可能不期而遇的危机，每个人都必须做好勇敢向前、积极迎战的准备。

在任正非的很多内部讲话中，都不乏"贪生怕死""英勇奋斗"等军旅词汇。这不仅流露出军旅生涯经历在任正非身上留下的痕迹，还反映出他在忧患意识下被激发出的勇敢无畏和亲身引领的精神。

无论是在珠穆朗玛峰山脚下的建设工地上，还是在中东、非洲地区的华为基地上，都有过任正非的身影。即便是在阿富汗战乱时，甚至于在利比亚开战前两天，任正非还奔波在当地，与华为员工站在一起……永远不畏艰险，永远身先士卒。在华为尼泊尔代表处看望员工时，任正非说了这样一段感人肺腑的话："我承诺，只要我还飞得动，就会到艰苦地区来看

你们，到战乱、瘟疫……地区来陪你们。我若贪生怕死，何来让你们去英勇奋斗。"从这些话里，我们没有看到大企业家对员工的训诫，只看到了一位将军站在军前豪气万丈地动员士气和身先士卒的形象。

任正非深谙一个道理：在任何一家企业中，领导者的角色如同一只领头羊，"领头羊"走到何处，怎么走，那么这支队伍也会跟着走到何处，且是一样的走法。所以，他要求华为的各层级领导者和管理者，即便遭遇艰难险阻，也要保持"以身作则，从我做起"之心，引领全员持续向前。

因此，华为不仅有任正非的身先士卒，也有众多领导者和管理者的优秀引领。一位项目主管在《华为人》报上写了这样一段话："无论是开发过程的小问题定位，还是每周一次的体育活动，我都尽量不缺席，我要在点点滴滴中建立起兄弟般并肩战斗的情谊。"

这是一个20多年前的故事。当时，华为的ETS即将进入海南，并承诺国庆节即可使用。为了能够兑现对终端客户的承诺，负责此任务的华为项目组必须在9月28日之前完成全部铁塔安装事宜。

但是，让人猝不及防的是恶劣的气候条件。由于该地属于亚热带地区，第三季度又是热带风暴集中的阶段。在临近截止日期时，天降暴雨，且伴随强风，给铁塔安装工作增大了难度和危险系数。

但是，项目组的负责人却二话没说，抵达安装位置后即刻下令开始竖塔，并亲自爬上30多米高的铁塔。项目组成员在其带领下，也毫不畏惧地投入到紧锣密鼓的铁塔安装工作中。最终，该项目组按时、圆满地完成了工作任务。

在华为，这样勇敢向前、以身示范的领导者和管理者不胜枚举。事实上，也恰恰是在这些领导者和管理者的带领下，华为才得以一次又一次地安然度过凛冽的寒冬，一步步发展壮大，并发展成如今的实力强大的世界级企业。

第二节　监测危机，识别风险，实施有效防控

任正非说："繁荣的背后都充满着危机。这个危机不是繁荣本身的必然特性，而是处在繁荣包围中的人的意识。艰苦奋斗必然带来繁荣，繁荣以后不再艰苦奋斗，必然丢失繁荣。千古兴亡多少事？悠悠。不尽长江滚滚流。"那么，如何识别危机，并预先做好防控措施呢？

一、系统监测危机，快速识别风险

对于危机，很少有人会盼望着遇到它们。一般来说，人们会希望通过某种方法预先发现危机，并将其扼杀在摇篮中。这意味着，人们必须要有一定的危机意识，并能够做好应对危机的各种准备。

如果从企业经营的角度来说，企业需要建立一套危机管理机制，在工作中实时监测企业经营状态和外部环境变化，尽早识别潜在的隐患以及未来可能发生的危机。有人说："在平静的海面下隐藏着汹涌的大浪。"而在企业中，越是看起来风平浪静，一片繁荣，越是要识别发生危机的可能并重视危机的影响。

美国 Standish Group 是一家专门从事跟踪 IT 项目运作结果成功与否的

权威机构。该机构曾对 8000 多个项目进行了成功率统计，结果表明：34%
的项目最终彻底失败，超过 50% 的项目结果不甚成功，而能够勉强达成
总目标的项目只有不到 16%。读者朋友们，你们是否认为"从这组统计
结果中尚且无法发现项目成功或失败与有无过程危机监测之间是否关系紧
密"？如果项目最终是以失败告终的，这很可能是因项目本身的难度太大
而执行人员的能力不足所导致的。

后来，华为项目组用自己的实践体验来阐释了监测危机之于企业发展
的重要作用。

创业早期，华为在 H 省的第一个项目，合同总额超过 800 万美元，工
期 2 个月。对于当时的华为来说，这是一个非常难得的机会。然而项目启
动不久，华为人却发现：这个项目存在实施风险，根本无法确保在约定的
2 个月内完成，为此华为不断与客户协商，希望延长合同工期。然而，拉
弓没有回头箭，鉴于项目在当地的战略布局意义并为了让客户满意，华为
还是接受委托并全力以赴。结果为了完成这个项目，华为共支出了 1200
万美元，成本居然超过合同收入近 50%，而项目在开展 1 年后仍没有进行
初验，这个项目不管在经济效益上还是人员投入上都堪称惨烈。

还有一个项目。当时，华为承接了一个合同总金额超过 400 万美元的
项目。这个项目要求华为提供的服务包括光缆外线设备及其工程服务。这
个项目合同签订之后，公司全体成员都非常兴奋。但是，项目进度尚未过
半，大家的兴奋劲儿就消失了——因为此时，公司为此项目形成的亏损已
经高达 200 万美元。更要命的是，华为还得持续为这个项目注入资金直至
完工，否则公司遭受的损失将会更大。

华为早期遇到的这两个案例是非常具有典型性的。很多企业在运作过程中盲目乐观，忽视了机会背后隐藏的巨大风险，由此给企业带来了不可估量的危机和损失。因此，企业领导者和员工都应该对未来的危机予以足够的重视，有能力尽早识别并作出系统评估，而后再针对性地制订行之有效的应对计划和措施。

在这一方面，华为人总结了丰富的经验。通常，他们会选择两种方法：一种是头脑风暴法，利用团队智慧，集体预测未来工作中可能出现的风险；另一种则是经验法，即归纳总结以往项目中曾经出现过的典型问题和严重问题，然后在下一次项目工作中予以规避。

之后，华为人会结合当下的项目或场景，预估在未来工作中可能出现的问题，并将之全部罗列在一个清单上。接下来，再对危机指数进行评估，即评估危机发生的可能性和对企业的影响。从近年来的实践情况来看，华为人完全可以通过危机的预判与监测，来准确发现危机出现的苗头，并预先制订好系统的、具有针对性的规避措施。

二、临危不乱，勇敢迎战危机事件

如果企业发现危机已经出现，那么该怎么做呢？此时，企业便需要考虑危机处理的问题了。

事实上，危机管理中最重要的环节就是遏止危机，避免危机发生的范围快速蔓延，继而给其他方面也造成负面的影响。特别是在情况十万火急的时候，企业更需要认识到快速有效处理危机的重要性。因此，危机处理的关键点便在于企业的反应动作要足够迅速。对此，企业必须把握 3 个重点，这也是华为在危机处理时重点把握的 3 个环节：

1. 危机根源与隔离措施

在危机降临时，该事件的负责人必须立刻果断采取有效的危机隔离措施，在第一时间快速找出导致危机发生的原因，并准确锁定危机发生的根源所在。

2. 危机应对方案

企业层面以最快的速度启动危机应对方案。同时，根据危机发生的原因，确定相关责任人以及责任担当，并根据企业战略目标实现情况来确定是否需要调整企业发展方向。

3. 借力媒体与权威机构

在危机发生后，企业要与国内外各界新闻媒体保持紧密而恰当的联系，对外部合理发声；同时借助公证机构与权威机构的力量，向外界传递客观公正的信息，以此来助推企业快速圆满地化解危机。

2012 年，华为在国际市场上遇到了几乎所有中国"走出去"企业（业务倾向海外市场的企业）的共性问题，遭遇来自当地的媒体偏见、监管歧视等多方面制约。当时，华为希望参与投标澳大利亚 NBN（全国宽带网络）项目，计划投资达 359 亿澳元，但是澳大利亚政府当局禁止华为参与投标。一些政府高官（包括澳大利亚总理吉拉德在内）皆大肆宣称，他们之所以做出这样的决定，是"为了确保 NBN 的完整性和安全性"。这个消息一经放出，全球舆论哗然。一时间，诸如"国家安全""网络攻击"之类的敏感词汇开始在报纸、电视等新闻媒体上频繁出现，极大地刺激着公众的想象力。与此同时，在当地政策层面也引起了一场激烈的讨论。

然而，对于这种情况，华为却发表了一则尽显从容冷静的声明。

华为在声明中称，华为当时正在承建全球九大在建宽带网项目中的8个；而且，在所有澳大利亚主要电信运营商和全球前50大运营商中，华为与其中的45家保持着友好和谐的合作伙伴关系。此外，华为甚至坦然表示"愿意向澳方公开作为商业机密的设备源代码"。华为的声明一出，不仅体现了华为对参与该项目的极大诚意，同时也顶住了澳大利亚当局的诘难，将其置于词穷的窘地。

此外，华为还针对外界关于"华为有中国军方背景"的传闻进行了澄清。华为选择澳大利亚的主流媒体，邀请了具有高度公信力的知名人士，对此进行了澄清性说明报道。当时，华为澳大利亚公司董事会主席约翰·劳德告诉《澳大利亚金融评论报》："华为对澳大利亚而言不是安全威胁。这就是为什么我担任(华为澳大利亚公司)董事会主席，布拉姆比先生和多纳先生担任董事会成员的原因。"对于澳大利亚主流社会人士来说，劳德发布的言论可信度很高。这与他和两位独立董事的个人信誉及经历密切相关：劳德是一位退役的海军少将，在澳大利亚多个国家安全咨询机构兼任职务；布拉姆比曾任维多利亚州的州长，多纳则是史上任期最长的前澳大利亚外交部部长，并曾长期担任自由党领袖。因此该报道登出后，华为转危为机，澳方人士对华为的印象大为改观。

很明显，华为并未在声明中谴责或探讨澳方政府做出的决定是否粗暴，也没有向诸多媒体的猜测、刁难宣战，而是把企业声明的重点内容放在系统介绍华为与澳方合作的情况和经营理念等方面。就这样，在华为的冷静处理下，澳大利亚传媒界在两天后开始出现言论变化，各类媒体板块开始呈现深度反思与探讨。可以说，华为原本可能因此次投标失败而遭遇市场发展掣肘，但是由于应战及时，方法得当，最终将危机变成了系统展示企业实力的绝佳契机。

由此我们可以看到，华为在危机管理时绝不是随心所欲的，而是用稳妥的方法消除负面影响，迎合公众的想法。概括地说，华为处理危机的过程遵照了几个基本原则：一是企业上下都勇于承担责任，既不推卸，也不怨天尤人；二是主动寻找能够解决问题和有效化解矛盾的机会，变被动为主动，将不利因素快速扭转为有利因素；三是能够在问题发生后快速、果断处理，将损失减至最低，最大限度地避免事态恶化。华为的这些做法是值得广大企业家们借鉴的。

第三节　长期自我批判，积极助推自我提升

坚持自我批判是华为的核心价值观之一。任正非曾言："世界上只有那些善于自我批判的公司才能存活下来。华为会否垮掉，完全取决于自己，取决于我们的管理是否进步。管理能否进步，一是核心价值观能否让我们的干部接受，二是能否自我批判。"这个道理对于所有企业而言都是适用的。如果企业的所有成员都能将批评与自我批评作为个体的工作常态和生活常态，那么企业必然会获得更快速的成长与更长远的发展。

一、没有自我批判，任何管理都无法生根

任正非在《为什么自我批判》一文中说道："我们处在 IT 业变化极快

的 10 倍速时代，这个世界上唯一不变的就是变化。我们稍有迟疑，就失之千里。故步自封，拒绝批评，忸忸怩怩，失之的就不止千里了。我们是为面子而走向失败，走向死亡，还是丢掉面子，丢掉错误，迎头赶上呢？"任正非认为，一个人如果能持续地进行自我批判，那么他就会更深刻地认识到自己所遇到问题的本质以及问题发生的根源。因此，任正非在华为内部大会上发表了一番语重心长的言论。

2000 年 9 月的一天，华为内部研发体系组织数千名员工，一起参加了中研部将呆死料作为奖金、奖品发给研发骨干的"颁奖"大会。在这次会议上，华为准备了很多"奖品"发给数百名骨干工作人员。这批"奖品"其实是因在研发工作中态度不认真、测试结果不严格等制造出的废料器件，还有那些研发、工程技术人员因此不得不奔赴现场去"救火"而购买的飞机票……面对这些具有特别意义的"奖品"，与会人员都羞愧不已。任正非还对大家这样说道："只要勇于自我批评，敢于向自己'开炮'，不掩饰产品及管理上存在的问题，我们就有希望保持业界的先进地位，就有希望向世界提供服务。"此后，华为研发体系的风气大变。

要想从根源上规避危机事件的发生，最理想的方式之一就是让人们自主识别问题，避免问题恶化而演变成危机事件。很多危机事件之所以会发生，常常是因为在轻微表现时被忽视而导致最终严重恶化。事实上，如果华为当时未专门召开此次"颁奖大会"，那么华为的内部研发人员可能很长时间都不能认识到研发工作存在如此之多的质量问题；若是等到人们能够明显看到企业的问题时，那么往往已经为时太晚，给企业造成的损失更是难以估量。

主动自我批判可以为人们早早敲响警钟。数年之后，华为在同一会场上再次组织了一次"颁奖大会"，不过这次颁奖大会是一次真正意义上的表彰先进大会。从之前的批判大会到多年后的表彰大会，这种巨大转变源自华为人对自我批判的长期坚持，由此实现了整个企业群体在认知与行为上的快速迭代。

华为人乐于自我批判，自然也离不开企业自上而下的风气。一直以来，任正非都在极力倡导华为人发扬自我批评的精神。为了全体华为人都能持续不断地进行自我批判，华为专门在《华为人》报、《管理优化》报上开辟了专栏，员工们可以通过匿名或非匿名的形式，对个体行为做出自我批判。

此外，华为还特别开展两种极具特色的活动，一个是"组织批判"，建立红蓝军组织，就组织发展模式、组织发展战略决策进行批判；二是"思想批判"，即"民主生活会"，主要是就个人的思想作风、行为等加以批判。

二、组织红蓝军对战，自己进攻自己

华为是一家较为年轻的企业，截至目前也仅有 30 余年的发展史。年轻意味着企业有朝气，有活力；同时也使得华为在早期创立阶段存在一些不成熟的表现，比如，决策过程草率，管理不规范等，进而导致企业遭到预期不到的挫折或难题。任正非认为，华为可以借助一种特别的方法来解决这个问题。他说："只有不断地自我批判，才能使我们尽快成熟起来。我们不是为批判而批判，不是为全面否定而批判，而是为优化和建设而批判，总的目标是要导向公司整体核心竞争力的提升。"

为了推进批判与自我批判精神得以落地，华为于 2006 年建立了专门的对抗体制和运作平台，并将这个对抗组织结构命名为"红蓝军组织"。所谓"红军"，代表着华为的现行战略发展模式；所谓"蓝军"，则代表华为主要竞争对手采用的战略或当下的创新战略模式。最初，蓝军方面由华为前高级副总裁郑宝用负责组织，他带领着华为的"蓝军"系统审视"红军"在战略、产品、解决方案等方面暴露出的或可能隐藏的问题，甚至大胆假设企业可能遇到的各种危机，持续发布了很多近乎"危言耸听"的言论。通俗地说，其任务重点就是"唱反调"。然后，蓝军组织再据之进行逆向分析，并在技术或管理层面上去探讨，如何设计出能够解决问题，具有颠覆性的战略、技术、产品、解决方案等。最后，蓝军组织还会为公司董事会提供一系列具有高度可行性的建议，确保华为始终走在一条方向正确、有前景的发展之路上。

2008 年，华为曾计划向贝恩资本投资公司出售华为终端子公司。当时，"蓝军"组织几经研究后做出判断，华为终端业务的未来价值是极为重大的、可观的，并由此提出了所谓的"云管端"战略，竭尽全力去阻止华为终端业务"脱手"。蓝军组织的高瞻远瞩，使华为提早为企业的持续发展做好了很多充分的准备，才有了今日华为的斐然佳绩，华为终端俨然成为华为的重要盈利板块。

在制度层面，华为对"蓝军"以及"蓝军"所代表的反对声音给予了极大的宽容和理解。按照华为规定，华为的"红军"司令必须是从"蓝军"的优秀干部中选拔出来的。任正非说："要想升官，先到蓝军去，不把红军打败就不要升司令。红军的司令如果没有蓝军经历，也不要再提拔了。"这是因为，如果一个领导干部自己都不知道怎样才能把华为打败，那么他的个人思维和能力可能已经处于天花板位置，很难再有可发展或提升的空间。

为了让"蓝军"组织得到更好的发展，华为还特别为"蓝军"建立了系统的保护机制。任正非强调："一定要让'蓝军'有地位。'蓝军'可能胡说八道，有一些疯子，敢想敢说敢干，博弈之后要给他们一些宽容，你怎么知道他们不能走出一条路来呢？"

现在看来，华为组织层面的自我批判是一项非常成功的创举，也是值得广大企业学习和借鉴的管理模式。对于企业而言，这种来自组织层面的自我批判行动，可以使企业及时补足短板，持续自主改善，最终形成企业组织的高效行动力和持续发展力。

三、组织民主生活会，打造监督环境

在员工思想批判方面，华为特别组织了民主生活会。在民主生活会上，员工可以针对自己的行为、态度等进行多方面的自我批判。这种做法极大地提升了他们进行自我管理的自控力和思考力，使他们的思想观念实现更新换代，吐故纳新，进而使员工个体和企业都能获得成长和进步。

1. 遵循自我批判的基本思路

任正非说："华为自我批判的前提是围绕核心价值观进行的，绝不能走偏，走偏一点再扭回来。"在华为的民主生活会召开之前，人们会围绕华为的核心价值观先行自问："你是否以客户为中心？是否坚持艰苦奋斗？

团队评价是否以奋斗者为本？"以此来引导自己的思考，并评估自己的表现以及短板所在。

在参加民主生活会的过程中，每位参与者再围绕自己对华为价值观的践行情况，客观、直白、精练地描述自己身上存在的相关问题和不足，并深度挖掘问题或不足产生的原因，与其他人一起探讨最佳解决方式。同时，也为其他参会人员提供智力或其他方面的帮助。值得注意的是，华为鼓励大家自我批判，而不是批判他人；如果确实需要批判他人的不当之处，也需要做到"三禁一反"，即严禁故意夸大事实，禁止对他人进行人身攻击，禁止上纲上线，反对情绪化。

通过批判与自我批判，华为使员工与企业组织中可能存在的绝大部分问题都尽早得到了纠正和处理，不会因过度积累而产生危机问题。

2. 建立民主监督的透明环境

为了辅助推进民主生活会活动的开展，华为还特别强调建立一种民主监督的透明环境。

华为的 EMT（公司级别的行政管理队伍）民主生活会，是于 2005 年 12 月在马尔代夫组织召开的。此次民主生活会是以干部队伍成员的廉洁自律管理为核心议题。在此次会议上，EMT 成员最终达成了一致共识：作为华为的领导核心层成员，在"正人"之前，必须先学会"正己"，真正做到以身作则、率先垂范。此次会议结束时，所有参会人员做了自律宣誓，在此后的两年时间里，他们全部完成了关联供应商申报与关系清理。

2008 年春节前夕，华为在公司总部再次召开宣誓大会。面向与会的 200 位中高级干部，EMT 成员集体举起右手，庄严宣誓。同年 5～6 月，华为面向所有部门、子公司，陆续开展宣誓活动。此后，华为通过制度化宣誓方式，逐步覆盖了公司的所有干部——各层级领导干部都要主动接受全员的纪律监督和批判。

通过这种方式，华为建立起一种公开自主的透明环境，形成了自主实施思想批判的企业文化氛围，使得批判与自我批判文化得以在华为内部被广泛推行和有序传承。

第四节　持续放空，不断进步，提升硬核实力

任正非说："烧不死的鸟就是凤凰。"怎么才能让自己成为凤凰，具备在烈火中涅槃重生的能力呢？那就是始终保持奋斗的信念，主动寻求进步空间，努力提升自己的硬核实力，这样才能让个人和企业都具备充足的底气，以抵抗来自外界的不可预期的压力。

一、烧不死的鸟才是凤凰

有人曾说过这样一段话："一个人如果从未破产过，那他只是个小人物；如果破产过一次，他很可能是个失败者；如果破产过三次，那他就完全有可能无往而不胜。"可以说，失败对于个体来说是一种宝贵的财富。任正非认为，越是挫折和逆境，越是能够除去年轻人身上的缺点和浮躁，越能够激发他们潜在的优点和能力，"烧不死的鸟才是凤凰"。

因此，任正非要求华为对员工进行评价时，不应该仅仅针对其知识学

习能力，更要针对其从失败中提升自己的能力。而在任正非这种理念的影响下，华为人虽然几经挫折的洗礼，却态度乐观，更具有战斗力。

陈林空（化名）刚刚回到国内时，主要负责公司的终端采购履行业务。对当时的陈林空来说，供应链领域尚是一个未知的领域，因而这份工作对他来说绝对是个不小的挑战。不过陈林空并未退缩，而是让自己快速地投入工作当中。他从零开始学习，从基本掌握到逐渐融会贯通，最终成为领域内的专家。在多次发生重大事件的年份，他都能保障公司顺利交付——比如在2008年的冰灾、地震和奥运会期间，他确保了终端采购工作的顺利推进，没有发生任何重大事故。

正当他感到自己的工作渐入佳境，自己的工作能力也得到广泛认可之时，公司领导突然找他谈话，希望他去"拯救"一下拉美市场。当时，拉美市场正处于严重下滑阶段，在很多同事眼中那里如同大泥坑，实在不想"往下跳"。所以，刚接到这个任务的陈林空，心中自然也忐忑不安。然而不服输的性格最终使他决定接受这次艰巨的挑战。

刚到拉美办事处时，陈林空就感到压力山大，业务难题太多。最让陈林空头疼的是库存问题。当时，来自不同国家的客户都有着自己的想法，这导致库存清理工作难以顺利推进。有一次，陈林空让阿根廷客户帮忙清理墨西哥的一堆GSM库存，但是由于这种跨国清理动作往往会涉及双方利益，故而双方团队成员一直颇有争议。为了尽快解决问题，陈林空每天找双方团队沟通，有时甚至会遇到客户方的不耐烦或辱骂。面对各种不堪，陈林空都忍住了，并最终说服了客户方，使得清理工作得以开展，最终在半年时间内将数亿美元的库存和欠款事项全部清理完毕。

随着拉美工作渐入佳境，陈林空越来越有自信。他开始主动承担起更多工作任务，如重点市场、产品布局、安全运营、组织优化、适时交付等。通过团队的共同努力，该地区的终端业务排名得到了快速提升。

只有经历过磨难的人，才能经受得住大风大浪的冲击与考验，才能获得宝贵的经验财富。陈林空的勇敢与坚守精神，使其个人得到了进步，也让团队获得了更好的发展。

因此，任正非经常鼓励华为人勇敢地面对困难与挫折，敢于迎战失败，并长期坚持下去。同时，任正非也警示那些安于现状的人，提醒他们在自我批判中自我约束和快速成长。

宝洁首席执行官雷富礼曾说过一句话："一个拳手只有观看自己在比赛中被打得惨败，或者原以为自己能够轻松取胜，结果却失败的录像，才会真正学到很多东西。"困难的环境就如同这样的录像，让人在观摩、经历中学会成长。事实上，只要人们能够坚持不懈地努力，保持坚定的意志，那么，最终所有的困难都将找到解决办法。

任正非在与员工的对话中这样说道："'烧不死的鸟就是凤凰'，有些火烧得短一些，有些火烧得长一些；有些是'文火'，有些是'旺火'。它是华为人面对困难和挫折的价值观，也是华为挑选干部的价值标准。经过千锤百炼的干部是第二次创业的希望，我相信会有许多新老干部担负起华为的重任。"

任正非的这一席话起了非常好的激励作用，华为人也确实如他预想的那样——勇于挑战困难，遇到挫折绝不放弃，在一次次失败中追求成功。华为人常说："烧不死的鸟是凤凰。"这是因为，当人们能够从困难和挫折中走出来，那么他们必然可以快速获得进步。

二、持续放空，组织主动式学习

华为反对员工故步自封，停滞不前，而支持员工持续放空自己。所谓"放空"，是说让自己暂时忘记过去取得的成绩，以空杯的心态去认真学习新的知识，提升自己的技能水平。这样的精进历程让企业得以用一种积极学习的态度持续开拓明天。

为了鼓励华为员工"自我放空"，华为要求员工在自己的岗位上做到"把一切吃透"，成为所属领域内的专家型人才。任正非说："做实不是没有目标、没有跟踪、没有创新，但没有做实就什么也没有。点滴奋斗与持之以恒的努力，踏踏实实地在本职岗位上不断地进取，太阳已经在地平线下升起。"

《华为人》第 272 期上刊登了一篇文章《一直向前只因不愿落后——专访账务管理部五级专家周缨》。文中，作者徐平向周缨提出问题："您是如何从一个毫无经验的大学生成长为账务五级专家的？"周缨这样回答："一是保持空杯心态。无论身处什么岗位，都应不断归零地学习，不要觉得自己已经什么都懂。华为在不断发展，不学习的人必然会被淘汰。二是深入了解业务，尤其是作为财务人员，我这里提到的业务是非财务类业务，如交付销售。如果空有财务知识，而不知道自己面对的业务情况或环境，那么便难以提出契合实际需求的财务解决方案。"

周缦所说的这段话，其实也是华为在学习方面对员工的基本要求。

此外，华为还特别强调：所有人都要把握好再学习的机会。为了加强员工的技能经验贡献，创造更便利的学习条件，华为于2014年开始系统拓展内部学习平台。任正非在华为人力资源工作汇报会上指出，按不同战场进行分类，通过内部授权与内部圈之间的联络，形成一个能够共享的信息安全圈，以帮助人们提升自己的能力水平。

而对于不能坚持学习与进步的人，华为则采取不予重用的策略。这意味着，如果哪一位华为人表示拒绝"学习学习再学习"，那么他就等同于中断了自己的职业晋升之路。

三、避免熵增，坚持"耗散结构"

为了让华为长久地生存和发展下去，任正非还将物理学概念——"熵"引入了企业管理中，并由此形成了华为的一个独特的企业文化思想。他在2016年10月28日华为研发将士出征大会讲话中再次强调了这一概念，要华为人了解"何为熵死，何为热力学第二定律"。

熵是物理学概念，是1850年由德国物理学家鲁道夫·克劳修斯首次提出的一种能量称呼。热力学第二定律（熵增定律）是指在一个系统内分子的热运动，总是从集中、有序的排列状态向分散、混乱的无序状态增加。克劳修斯指出，能量在空间中分布得越均匀，熵就越大。一个体系的能量完全均匀分布时，其熵值最大，但同时也是其能量差消失的时候。熵的三种状态及其特征与解读如表7-1所示。

表7-1 熵的三种状态及各自的特征与解读

	特征	解读
熵增	混乱无效的增加，导致功能减弱失效	人的衰老、组织的滞怠是自然的熵增，表现为功能逐渐丧失
熵减	更加有效，导致功能增强	通过摄入食物，建立效用机制，人和组织可以实现熵减，表现为功能增强
负熵	带来熵减效应的负熵因子	物质、能量、信息是人的负熵，新成员、新知识、简化管理等是组织的负熵

来源：田涛、吴春波：《下一个倒下的会不会是华为》

我们也可以形象地理解为，就如同一盆冷水和一盆热水，当其交融后会达到一个中间值，原有特性便在此时消失了。这也给我们一个启示：在一个封闭的系统中，一切有序的事物最终都会走向无序状态，而后达到静止状态，或者因不适应外界环境而消失。

对企业来说，也存在着熵和熵死的现象。一个故步自封、循规蹈矩的组织，会自发地出现熵增现象，最终因混乱失序、问题积累过多而逐步走向消亡。

如图7-1所示，南都大数据研究院2019年9月出具的统计数据显示，2019年世界500强企业的平均年龄为69.2岁，其中中国上榜企业的平均年龄为34岁。剔除合并产生的，最年轻的世界500强企业是来自中国的小米，企业成立至上榜仅用了9年；最年长企业是法国的圣戈班集团，2019年时已354岁。

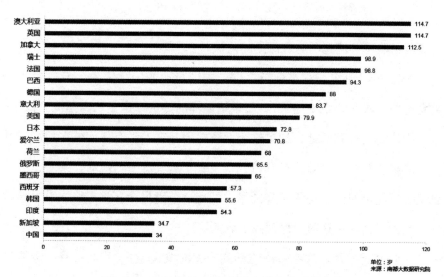

单位：岁
来源：南都大数据研究院

图7-1 2019年世界500强各国上榜企业平均年龄

关于企业寿命的统计，美国《财富》杂志曾列出这样一组统计数据：在美国，中小企业的平均寿命不到7年，大企业的平均寿命不足40年，只有2%的企业存活达到50年。在1900年美国排名前25名的企业，到20世纪60年代，只剩下2家。诸如摩托罗拉、诺基亚、索尼、北方电讯等盛极一时的企业也似乎是在顷刻间倒塌。

中国最高人民法院的"全国企业破产重整案件信息网"数据显示：2020年企业申请破产审查案件83704件，是2019年42212件的1.98倍，是2018年27214件的1.55倍。中国中小企业的平均寿命仅为2.5年，集团企业的平均寿命仅7.8年。多数地区的企业生存危险期为第3年，且企业成立后3～7年为退出市场高发期。作为国民经济和社会发展的重要基础，中小微企业为何会遭遇如此困局？《华为公司基本法》起草组组长彭剑锋教授指出，这些企业大多数都死于"熵增"，人们把这种企业现象概括为"熵死"。

任正非对"熵死"有着深刻的认识。

2015 年，他在与福布斯英文网"中国企业的国际愿景"专栏栏主杨林女士的一次交谈中说道："封闭系统内部的热量一定是从高温流到低温，水一定从高处流到低处，如果这个系统封闭起来，没有任何外在力量，就不可能再重新产生温差，没有风，也没有水蒸气蒸发与流动；第二，水流到低处不能再回流，那是零降雨量，那么这个世界全部是超级沙漠，最后就会死亡，这就是热力学提到的'熵死'。"

在此之后，任正非在一次试验室座谈时又说道："我们总有一天能量耗尽，就会死亡，所以我们要做开放系统。就可能是我们建立了一个封闭的系统，封闭系统必然要能量耗尽，要死亡的。我们一定要避免建立封闭系统，一定要建立一个开放的体系，特别是硬件体系更要开放。我们不开放就是死亡。"

为了避免"熵增"现象的出现，任正非采取了不断加温然后再耗散的循环模式，以期打破熵的死循环。这就好比一盏油灯，不断为之注入灯油，使其得以在持续燃烧中不至于熄灭。这是任正非和华为所推崇的理想的组织形式，也是华为反复强调自我批判、每隔数年一次大变革、设计"从零起飞奖"的根本原因。

2013 年 1 月 14 日，公司召开 2013 年市场大会。此次大会不仅对优秀员工进行了奖励，还设置了一个非常特殊的奖项，名叫"从零起飞奖"。这个奖项的重点是相关团队负责人因前一年业绩未达标而使得该年的年终奖金为零——2012 年年初，公司各团队负责人做出承诺"不达底线目标，团队负责人零奖金"。

在此次会议上，主持人宣布了获奖人员名单，并宣布他们的2012年年终奖金为"零"。按制度规定，连轮值CEO郭平、胡厚崑、徐直军，CFO孟晚舟，以及任正非和孙亚芳，在这一年都是没有年终奖金的。

华为的"从零起飞奖"是其"耗散结构"的最好体现。华为通过员工的主动或被动清零，激励其员工胸怀抱负，努力前行，避免因贪图安逸而导致企业停滞不前，防止因组织"黑洞"而吞噬华为的活力。

被誉为"日本经营之神"的稻盛和夫，曾对3000多名来自全球的企业家说道："一切从零出发，就可以找到生命成长的路径，就可以找到企业成长的路径。"如果将此言作为华为发展的概括，也是非常准确的。从认识和理解"熵"再到用"耗散结构"避免"熵死"，使公司始终处于稳定与不稳定、平衡与不平衡间的交替状态，这也是华为30年来保持活力和战斗力的关键因素。

—— 华为启示录七 ——

十年来我天天思考的都是失败，对成功视而不见，也没有什么荣誉感，自豪感，而是危机感。也许是这样才存活了 10 年。我们大家要一起来想，怎样才能活下去，也许才能存活得久一些。失败这一天是一定会到来的，大家要准备迎接，这是我从不动摇的看法，这是历史规律。

——任正非

◆ 居安思危，不是危言耸听。安逸会让人失去战斗力，而始终保有危机意识，则会有力地牵引企业上下持续战斗，向未来发起更悍勇的进攻。

◆ 在日常经营中，要保持清醒，能够洞悉繁荣背后隐藏的危机，实现真正的繁荣和持久的昌盛；在深陷危机事件之时，要有条不紊，识别危机根源，临危不乱，快速启动危机应对方案，借力媒体与权威机构，勇敢迎战危机。

◆ 自我批判，自己进攻自己，发现短板，彻底改善和优化，变被动为主动，为迎战未来的危机积极蓄能，这也是从容面对并战胜危机的根本所在。

◆ 从熵增到负熵，持续积蓄新能量，再不断放空自己，归零重启，循环往复，如此便可以形成新的势能，最终持续实现凤凰涅槃般的新战斗力。

第八章
除了胜利，华为已无路可走

我们公司可能有一定困难，但我们会一边飞，一边修补漏洞，一边调整航线，一定能活下来。

除了胜利，我们已经无路可走。

——任正非

第一节　昂首向前，华为不再低调

这两年，人们在说起华为时经常说一句话："华为已经不再低调了！"事实上，华为内部一如既往地倡导低调，仍然保持厚积薄发的特质；只是作为已经发展壮大如斯的一家企业，它无法不被世人关注，这也是在外界眼中华为不再低调的原因。当然，华为这一保持了二三十年的特质，与创始人任正非本人的经历是密不可分的。

一、任正非数十年牺牲自己，成全华为的发展

从大学时代开始，任正非便一次次地与奖项失之交臂。这样的经历使他早已"习惯了我不应得奖的平静生活"，而且决定了他的整个人生注定与"飞扬跋扈"这个词毫无关联。甚至于，他还在企业内部会议上这样训诫员工："对待媒体的态度，希望全体员工都要低调，因为我们不是上市公司，所以我们不需要公示社会。"

华为一直不鼓励员工和高管接受媒体采访。直到2014年6月，总裁任正非才第一次接受国内媒体采访，而且他在媒体面前是出了名的低调，且有着很强的原则性。

华为是一家发展较好、令深圳引以为豪的企业，但即便是深圳市政府的领导前去访问或考察，任正非也不会亲自出面接待。如果有媒体想

要"硬来"采访，最终往往是"热脸贴到冷屁股"，被置之不理。《南风窗》杂志社曾经为了宣传华为的发展，从华为内刊上转载了一篇任正非的文章，这使得这一期杂志极度畅销。任正非得知此事后，不仅没有半点高兴，反而大发脾气。在批评了企业员工做事不够谨慎之后，他直奔公司的法律事务部，指派公司的法律顾问与《南风窗》的主编进行交涉，并把杂志社寄来的稿费如数退回。

这样的任正非，似乎让人难以接近。而事实是任正非本人并不希望自己吸引他人眼球；他希望自己能够做一个真实的自己，不向他人奉承，也不接受被他人奉承。对于媒体，任正非是这样看的："媒体有自己的运作规律，我们不要去参与。媒体说你好，你也别高兴，你未必真好。"他还在内部会议上三令五申道："我们要做的，只是干好自己的工作。"

有人问任正非："为什么很少接受采访？"他回答道："我们有什么值得见媒体的？我们天天与客户直接沟通，客户可以多批评我们，我们多改进就好了。对媒体来说，我们不能永远都好呀！不能在有点儿好的时候就吹牛。"因为有企业高层这种谨慎的态度和冷静的思考，华为在很长时间里都不是媒体刻意制造或无意捕捉的焦点。

那么，任正非到底在意什么呢？他在意的是客户的满意度。能让任正非主动接见、面对面交流的人，只有华为的客户，哪怕只是一位小客户。

2002年的一天，摩根士丹利的首席经济学家斯蒂芬·罗奇带领着一个投资团队来到深圳。这位经济学家来到华为总部，希望能够与任正非面对面交流一番。但是，此次访问的接待人员是费敏，这令斯蒂芬·罗奇颇为失望。他不满地对费敏说："他拒绝的可是一个 3 万亿美元的团队。"费敏把这句话原封不动地转达给任正非。然而，任正非听完之后，不以为然，说道："他又不是客户，我为什么要见他？如果是客户的话，再小的（客户）我都会见。他带来的机构投资者跟我有什么关系呀？我是卖设备的，要找的就是买设备的人……"

从这通回答来看，任正非似乎颇为高冷。但事实上，任正非仅仅是习惯低调而已。两年后在华为的一次客户接待中，任正非亲自上阵，却依然低调，不露锋芒。

2004 年 4 月 22 日，与华为合作较为默契的文莱电信公司在当地最为豪华的酒店里和华为合办了一次国际研讨会。当时，全球近 50 个运营商想要和华为展开长期合作，所以在接到华为发出的邀请函之后，全部如约而至。这一次，任正非一改以往形象，身着正装，早早地抵达会议大厅。他与抵达现场的所有客户依次握手、问候，在递上自己的名片之后，还非常朴实地介绍自己："我是华为的，我姓任。"如此谦逊的姿态使所有与会者都感到他平易近人。

任正非的低调和不露锋芒，前一次让人感到尴尬和不悦，后一次却赢得了客户的深度好感。值得一提的是，在此次研讨会上，任正非将文莱下一代网络的商用部署和市场发展战略分析得头头是道。这一行为表现使得之前对任正非有所误解的人的思想和态度大为改观。原来，这位做人低调的企业领导者，只有在做正经事的时候才会有高调的表现。

有人说："如果华为是一个王国，那么任正非必定是一位贤明的国王。"他为人低调，做事严谨，不遵从传统家族管理模式，而是崇尚民主管理。甚至于在了解了他个人的生活之后，人们还惊讶地发现：原来，这位特别的"国王"竟然从来不带私人司机和助理，甚至在着急出差或出行时都没有专车接送；在公司食堂，他会拿着餐盘，自己去打饭……他把原本可以活得无限奢侈的生活过得格外平凡、踏实。

2016 年 4 月 16 日，有人将一张照片上传到了微博，这张照片中的主人公便是任正非。照片显示，身为华为最高领导的任正非，当时正在上海虹桥机场和诸多乘客一样排着长队，神态自若地等待出租车。虽然任正非已 70 多岁高龄，满脸皱纹，但精神焕发，毫无老态龙钟之感。

该微博的用户认证信息显示为"智慧云创始人兼 CEO，前《哈佛商业评论》中文版社群总监"，名为陈雪频。他对获得这张照片的经过进行了描述，并对任正非给予了高度评价："刚刚见了一个朋友，他昨天在虹桥机场等出租车时拍了一张照片，他觉得像是任正非，和我确认一下是不是。我一看就是任正非，这位 72 岁的华为创始人在排队等出租车，没有助理和专车，绝对真实。"

照片里的任正非呈现的是"真实"的他，是他日常生活中的一个最为普通的影像。但是，照片一经刊出，却在微博上掀起了轩然大波。因为，人们难以相信这是一位身家亿万元的企业总裁会有的行为——他没有大张旗鼓地"呼喝千军""前呼后拥"，拼命炫耀自己的地位和成就，而是在古稀之年仍然保持着平和的心态。因此，有人见照片如见本人，对任正非和华为的管理方式给出了极高的评价："身体力行，以身作则，也是一种管理方式，这需要非凡的个人修养。"

事实上，任正非在企业管理方面多年来备受好评，主要是因为他能够以身作则，深度诠释"身教胜于言传"的真义。当然，华为内部人员对此是更有发言权的。华为终端董事长余承东是这样评价任正非的："过去 20 年中，任总一个人打出租车是常有的事。昨天早晨我在酒店等他，他就是打出租车来的。他把自己的股票分给员工之后，公司又没有上市，不是大富翁，就无须保镖了。"任正非的平凡和质朴作风，是令人尊重和敬佩的。也恰恰是因为这种朴素作风，使得他能够在数十年里牺牲自己，只为成全华为的发展。

二、处于理性与平实之中，才能得以存活

任正非曾在华为内刊《管理优化》报上发表过一篇文章，题为《在理性与平实中存活》，此文的影响至今深远。他在文中说道："由于很难再建立技术壁垒，因此，也不可能有暴利时代，憧憬一夜暴富不存在后，人们回归理性与平实，社会会变得更加可爱。"这一观点激励着华为上下努力进行自我锤炼，即便处在这样一个大机会时代里，仍然保持着超强的战略耐性，脚踏实地地积蓄未来发展的力量。

2014 年 6 月，华为在多家媒体上刊出了一则不同于以往的企业广告——过去，华为在广告中通常是设置设备或手机的宣传照，旁边辅以产品性能说明；但是，在这一次的广告中，华为一改往日广告之风，选择以 2014 年 4 月下旬红遍网络的"扫地僧"院士李小文的照片作为配图。图片

中，李小文蓄着胡子，身穿黑衣黑鞋，坐在中国科学院大学讲台前低头念着讲稿。在配图的右侧标注着两行极为醒目的红字："华为坚持什么精神？努力向李小文院士学习。在大机会时代，千万不要机会主义。开放，开放，再开放。"

在这个"商业＋互联网"社会中，李小文院士成为华为的形象代言人。这是华为在向社会昭示华为人的理智和坚持，同时也是在对全体华为人予以激励和告诫：在这个大机会时代里，华为人更要具有长远的战略耐性，坚持自我，沉稳平实，稳步向前。

任正非对华为人明确表达了他对低调、踏实、沉稳、战略耐性的要求："我们面对的是信息大爆炸的大时代，一个不好就要被炸得粉身碎骨，所以，我们要具备足够的战略耐性，要看准目标，再像狼一样狠狠地扑上去。"在任正非的熏陶下，华为高层领导者也逐渐培养出一种稳重的工作作风。2014年在巴塞罗那召开的世界移动通信大会上，有记者问道："华为是否有过收购想法？"当时，余承东的回答显得非常谦虚沉稳："每个企业都有不同的发展路径，都会选择最适合自己的路径。华为属于一个长跑型选手，更愿意靠韧劲，靠内功。市场经济机会这么多，华为不会急于一时。"

如今的华为正处在一个急速变化的时代，面对着来自世界各处的多样机遇。对于企业来说，机遇既可能是机会，也可能是诱惑——稍有不慎，便有可能坠入深渊，粉身碎骨。因此，华为面对来自各个方面的机会和诱惑，并未怀有投机或侥幸之心，也并未出现急躁冒进的行为，反而更加理性与平和。面对自身的企业环境、经营条件，华为正在更加稳健地做好基础管理和业务建设，这也正是华为得以大展宏图的前提和基础。

三、实力已至，世界不允许华为继续低调

华为的多年坚持，使之在世界范围内斩获了很多荣誉和成绩。在2019年的成绩单上，闪亮地写着三个"世界第一"，包括5G专利世界第一、5G基站世界第一、无人驾驶领域标准世界第一。

此外，根据华为2020年的年报，华为在2020年度实现了8913.68亿元的年销售收入，725.01亿元的年营业利润，如图8-1所示。

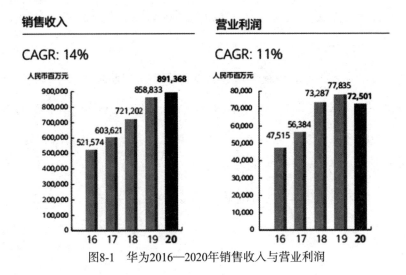

图8-1 华为2016—2020年销售收入与营业利润

来源：华为投资控股有限公司2020年年度报告

华为19.7万员工合力书写的这份成绩单，向世界宣告着这个昔日只有十几人的民营企业的辉煌晋级。同时，这份耀眼的成绩单也让全世界感到无比震惊——毕竟，这是一份冒着"炮火"前进的成绩单。实力已有，纵

然再低调，也会被世人关注。事实上，世界早已不允许华为继续低调。

第二节　未雨绸缪，积累破局的爆发力

过去，华为长期保持低调，这从根本上说源于其自上而下的危机感。而这种危机感也使华为在 20 多年前便做好了未雨绸缪的战略布局。部分媒体曾大肆抨击华为的做法，他们认为，华为传递危机感的行为是在人为地制造一种不必要的恐慌。但实际上，华为并非简单地传递一种危机意识，而是面向未来启动了一种极为冷静的"假设"。如果企业在未来并未陷入极度困难的境况，这自然是极好的理想状态；如果企业真的遭遇困境，那么企业也不至于因先前毫无准备而陷入无力自拔的深渊之境。事实证明，华为的危机管理是一种真正意义上的未雨绸缪。也正是因为如此，华为才做到了有备无患，获得了一种能够在窘境中破局的爆发性力量。

一、从拿来主义到打造中国制造

华为拿来主义的引入有很多。比如，前文提到的削足适履，华为正式与 IBM 公司启动 "IT 策略与规划" 项目，从美国知名咨询公司 Hay Group（合益）引进了 "职位与薪酬体系"，将英国国家职业资格管理体系（NVQ）引入华为的职业资格管理体系，等等。

当时，华为之所以选择技术上的 "拿来主义"，是因为华为的自主研发能力还不够强大。为了更快速地把握市场机会，华为不得不采用直接购买技术的方式来尽快缩短与先进企业之间的差距。

对此，任正非说过这样一番话："至今为止（2005年），华为没有一项原创性的产品发明，主要是在西方公司研究成果上进行一些功能、特性上的改进和集成能力的提升，更多的表现是在工程设计、工程实现方面的技术进步，与国外竞争对手几十年甚至上百年的积累相比还存在很大的差距。对于我们所缺少的核心技术，华为都会通过购买的方式和支付专利许可费的方式，实现产品的国际市场准入，并在竞争的市场上逐步求得生存。这比自己绕开这些专利采取其他方法实现，成本要低得多。由于我们支付了专利使用的费用，也实现了与西方公司的和平相处。"

但在选择这种方式的同时，华为上下承受着极大的危机感——如果有一天西方公司不再允许我们使用他们的技术，又该怎么办？为了避免企业有朝一日会遭遇来自市场的极限挑战，华为在理性创新的同时开始长期坚持自主研发。华为2020年年报显示，在华为的19.7万名员工当中，研发人员占比53.4%，近十年来研发投入高达7200亿元。

二、负重前行，多年备胎一朝转正

华为的自主研发与未雨绸缪，为华为的生存与发展抢得更多的可控时间和机会。2019年，华为在面对美国实体名单以及国际市场的围追堵截时仍能从容面对，这一事实也验证了华为的高瞻远瞩与研发实力所在。

2019年5月16日和8月19日，美国商务部工业安全局（BIS）根据美国出口管制法规（EAR）第744.11(b)款规定，先后将华为技术有限公司及其部分非美国关联公司列入实体清单。基于此，所有受EAR管控的物项（包括硬件、软件、技术等），如果要向华为提供相关实体出口、再出口或境内转移等，均须向美国商务部申请许可。2019年5月17日凌晨，海思总裁何庭波发出一封给全体员工的信件，宣布华为曾经打造的备胎从此转"正"。这是一个至暗的日子，但也是海思人成为时代英雄的日子。这个华为发展历程中的大事件，同时也在验证华为基于极端条件假设、未雨绸缪的正确性。

海思总裁何庭波致全体员工的一封信

尊敬的海思全体同事们：

此刻，估计您已得知华为被列入美国商务部工业安全局 (BIS) 的实体名单（Entity List）中。

多年前，还是云淡风轻的季节，公司做出了极限生存的假设，预计有一天，所有美国的先进芯片和技术将不可获得，而华为仍将持续为客户服务。为了这个以为永远不会发生的假设，数千海思儿女，走上了科技史上最为悲壮的长征，为公司的生存打造"备胎"。数千个日夜中，我们星夜兼程，艰苦前行。华为的产品领域是如此广阔，所用技术与器件是如此多元，面对数以千计的科技难题，我们无数次失败过，困惑过，但是从来没有放弃过。

后来的年头里，当我们逐步走出迷茫，看到希望，又难免（要面对）一丝丝失落和不甘，担心许多芯片永远不会被启用，成为一直压在保密柜里面的"备胎"。

今天，命运的年轮转到这个极限而黑暗的时刻，超级大国毫不留情地中断全球合作的技术与产业体系，做出了最疯狂的决定，在毫无依据的条件下，把华为放入了实体名单。

今天，是历史的选择，所有我们曾经打造的备胎，一夜之间全部转

"正"！多年心血，在一夜之间兑现为公司对于客户持续服务的承诺。是的，这些努力，已经连成一片，挽狂澜于既倒，确保了公司大部分产品的战略安全，大部分产品的连续供应！今天，这个至暗的日子，是每一位海思的平凡儿女成为时代英雄的日子！

华为立志将数字世界带给每个人，每个家庭，每个组织，构建万物互联的智能世界，我们仍将如此。今后，为实现这一理想，我们不仅要保持开放创新，更要实现科技自立！今后的路，不会再有另一个十年来打造备胎然后再换胎了，缓冲区已经消失，每一个新产品一出生，将必须同步"科技自立"的方案。

前路更为艰辛，我们将以勇气、智慧和毅力，在极限施压下挺直脊梁，奋力前行！滔天巨浪方显英雄本色，艰难困苦铸造诺亚方舟。

何庭波 2019 年 5 月 17 日凌晨

海思成立于 2004 年 10 月 18 日，何庭波将他们的备胎计划称为"科技史上最为悲壮的长征"。这次长征是华为在强烈的危机意识下设计的一个旁人难以坚持的预案。它使得华为得以在国际重压围剿下获得喘息的机会，甚至在全员的顽强努力下创造了比以往更为卓越的战绩。

三、终端崛起，华为手机决胜全球市场

华为在快速发展壮大，竞争实力在不断提升。

2015 年，华为手机终端销量达 1.08 亿台，同比增长 44%，稳居全球第三，华为也因此成为中国第一家年发货量过亿台的智能手机厂商。2020 年，在 4000 元以上的旗舰机中国市场排名当中，华为首次获得旗舰机市

场份额第一名，占据了 44.1% 的市场份额，以 0.1% 的微弱优势险胜苹果。

同时，我们也可以看出，华为和苹果在高端旗舰机市场中所占据的份额已经高于 80%，剩下不到 20% 的市场份额，才是小米、OPPO、vivo 和三星这些厂商所占据的。虽然小米排名第三，但仅占 4% 的市场份额，与华为的市场份额存在着 10 倍的差距。

从这组数据也能看出，华为是在持续进步、不断超越中将更多的竞争对手远远地甩在了身后。这种快速发展状态一方面令国人欣喜，另一方面又使某些国家感到很大的压力和"江湖大哥"地位不保的"威胁感"，因而采取了一系列打压华为的动作。

2018 年 1 月初，美国政府公然反对华为和 AT&T 签约合作，禁止华为手机进入美国市场。美国商务部工业安全局继 2019 年把与华为关联的部分企业列入"实体名单"后，于 2020 年 8 月进一步升级对华为的制裁措施，将华为在全球 21 个国家 / 地区的 38 家分支机构加入"实体清单"。根据美国单方面宣布的新规定，只要工厂采用美国的芯片制造技术，就必须获得美国政府的许可，才能向华为供应芯片。

2020 年 9 月 15 日之后，受美国禁令影响，台积电暂停为华为代工麒麟芯片，而其他企业也暂时没有成功申请到给华为供应芯片的出货许可，这意味着华为可能陷入"无高端芯片可用"的尴尬境地。为此，华为不得不为终端业务探索更好的发展模式。2020 年 11 月 17 日，华为公开宣布：向深圳市智信新信息技术有限公司整体出售荣耀业务资产。在持续的探索与筹谋中，华为终端业务板块调整布局，持续迎接新的挑战和更多可能。

第三节　提升自主研发实力，筑牢中国脊梁

过去在很长一段时间里，很多西方媒体都持有一种认知偏见：像中国那么落后的国家，怎么可能制造出高科技产品？即便有，一定也是通过模仿、抄袭、侵权等手段制造出来的。华为之所以遭遇美国"实体名单"的打压，在一定层面上也反映出西方国家目前仍然存在这种心态。对此，华为表现出不卑不亢的姿态。事实上，华为在十几年前就曾在国际市场上遭遇过不公平待遇，但华为挺住了。所以，对于今时今日的艰难境况，华为的态度仍然是冷静的。

一、从华为与思科的"世纪专利诉讼案"说起

美国时间 2003 年 1 月 22 日，思科向位于得克萨斯州东区的联邦地方法院提起诉讼，状告华为存在严重的侵权行为，指控华为涉及不正当竞争、商业秘密、专利、版权等 21 项罪名，起诉书多达 77 页。此次诉讼基本涵盖了知识产权诉讼的所有领域。对于两家商业巨头而言，这次诉讼也具有特殊意义，对于思科而言，这是其成立 17 年来的首次主动诉讼，对于华为而言也是其创立 15 年来首次被外国企业起诉，因此媒体对这场官司也是极度关注，称这场官司为"世纪专利诉讼案"。

当然，思科选择在中国农历春节前夕提起诉讼，而且选择的诉讼地点也不是思科总部所在地加利福尼亚州圣何塞，而是得克萨斯东区，显然也

是有备而来。有记者调查发现，在得克萨斯东区，这里华人相对较少，没有大型工业和科技产业，经济相对比较落后，这里的法院做出的有利于专利权人的判决的比例远高于美国其他地区的法院。

此时，对于华为而言，其拓展海外市场的布局初见成效，诉讼前的2002年年度营收为175亿元，其中海外市场营收36亿元。面对思科的强势诉讼，华为清楚，如果不能妥善解决此次诉讼，告诉美国民众甚至世界华为不存在侵权行为，那么自己的海外布局战略必将受到重创，甚至有可能导致华为无法再进入美国市场。华为经过审慎思考，清晰认识到关系此次诉讼胜败的关键在于：彼此产品的源代码是否相似。在经过一系列翔实调查的基础上，华为没有按照常规路径单一应诉，而是反客为主，反诉思科涉嫌垄断。并通过专利或其他手段阻止华为的产品与思科的路由器产品对接，同时扩散关于华为的不实传言等不公平手段进行商业竞争。

2003年6月，法庭最终判决：

（1）驳回思科关于要求禁止华为在全球范围销售相关产品、禁止使用与思科操作软件类似的命令行的请求；

（2）要求华为停止使用存在争议的源代码，并修改操作界面。

法庭认定，华为使用接口协议，只是为了对接，不存在其他用途。这代表着法庭侧面承认，用私有协议与思科产品进行对接没有问题。这无疑是华为可以争取到的最好的结果。

2003年10月1日，又一条振奋人心的消息传来——思科与华为的律师在源代码比对工作结束后得出结论：华为产品是"健康"的。

2004年7月末，思科与华为最终达成和解协议，华为没有侵犯思科的知识产权，却也本着友商的精神，同意修改其命令行界面、用户手册、帮助界面及部分源代码。

此次侵权诉讼耗费了华为大量的人力物力，但华为却在被思科诉讼的当年，即 2003 年实现营收 317 亿元，其中海外市场营收 68 亿元，两者均为上一年度的 1.8 倍；达成和解后，2004 年华为实现营收 462 亿元（为 2002 年的 2.6 倍），其中海外市场营收 149 亿元（为 2002 年的 4.1 倍）。

华为面对"世纪专利诉讼案"的"阻击"，其营收不降反升，影响力大大提升，有人说："官司给华为在全球做了一次免费广告。"

此次诉讼之后，华为更加大了对知识产权的保护力度。在产品研发的每个阶段，华为都会严格遵照以下 3 个原则执行：

（1）是否违反知识产权保护？

（2）是否需要规避友商的专利？

（3）是否需要申请专利保护华为自己的利益？

通过以上 3 个原则的严格自审，华为同时从管理流程上保证绝对执行。此后，在与华为相关的知识产权案件中，华为基本从未败诉，知识产权成为华为最引以为豪的技术保障之一，华为的专利数量也一直在全球名列前茅。而在中国企业走出国门的国际化进程中，华为在经历此次"世纪专利诉讼案"后也成为"走得最稳又最快的一个"。

二、主动保护知识产权，跳出生存局限

当然，与思科公司的这场专利之争无疑也给华为敲响了警钟。如果企业缺少知识产权或维护不力，那么很可能使企业受到生存威胁或实力质疑，继而导致自身陷入被动。为了促进企业的创新与持续发展，华为提出了一系列关于创新的战略观点，这些观点指引着华为人在创新领域的持续

发展和勇往直前。

1. 适当地借力

对于知识产权的问题，任正非的指示可以概括为：深度参与，以合作共赢、打造开放生态为主。他认为，科学技术是人类的共同财富，一定要站在前人的肩膀上前进，才能缩短企业进入世界领先行列的进程。道理很简单："我们要站在巨人肩膀上前进。如果我们从地上自己一点点爬起来，当爬到巨人肩膀上时，已经过了3000年。为了更快、更好地实现我们的目标，充分吸收、利用人类的一切文明成果才是聪明人，因为这样会提高你生命周期的效率。"这也反映出华为倡导的一个杰出理念，即"以一杯咖啡吸收宇宙的能量"。

2. 知识产权保护

在低层面上，华为历来不提倡自主创新，但在尖端的未知领域，华为却特别强调自主创新。

事实上，很少有企业愿意每年将10%以上的销售收入投入研究与开发。为什么？因为企业在研发方面投入越多，就越有可能被其他企业抄袭，使得企业利益受损，最终导致企业失去竞争力。所以，企业在创新的同时必须搭建知识产权保护的屏障，这样才能避免"产品创新越多，越早遭遇破产危机"的问题。换言之，知识产权保护对于企业而言是非常重要的权益保障措施。为此，华为坚持长期投入研究与开发，不断丰富自身知识产权积累。世界知识产权组织公布的全球企业申请国际专利数据显示：华为公司于2020年向该机构提交了5464份专利申请，连续四年在全球所有企业中排名第一。截至2020年底，华为在全球共持有有效授权专利4万余族（超过10万件），90%以上专利为发明专利，是全球最大的专利持有企业之一。

可以说，华为目前在通信领域已经拥有了这个行业中最具价值的知识产权组合。而对知识产权的申请同时也使华为的创新行为和创新成果在业界获得了法律保障，避免了其专利被不正当地滥用，更为华为带来了更大的竞争力。

3. 创新与成本控制

创新成本并不是一成不变的。如果一家企业长期坚持某种创新行为，继而被市场认同，或者当创新成为这家企业的"标签"之后，那么，这家企业的创新成本和创新风险往往会下降到相对较低的程度。

在创新成本控制方面，任正非指出："华为拥有的资源，你至少要利用到 70% 以上才算创新。"很明显，这种基于资源共享的创新行为与华为所期望的成本优势获取之间，并不是互相矛盾的。事实上，每一家企业的产品升级和持续发展，都与创新行为和创新水平息息相关，这始终是企业战略管理中一个不可遗漏的主题。

对于每个企业而言，到底是像华为这样严格地限定创新行为的尺度，还是无限制地放大创新给企业带来的改变？这是每一位企业经营者必须考虑的重点和难点。华为是在身体力行地持续提升企业的研发创新能力和硬核发展实力，并由此发展成为中国民族企业中的重要标杆之一。

第四节　中华有为，民族企业的使命担当

1987 年，任正非创办了华为。如果说 34 年前公司初建时，"中华有为"是任正非身为退伍军人的心之所系，那么，到了今天，华为的初心不变，依然承担着其身为中国民族企业的使命担当。

一、融合"铁拳 + 法律 + 舆论"的合力

面对美国的强力打压，很多人为华为的发展乃至中国民营企业的未来发展感到忧心不已。然而，华为在面对这一巨大挫折时，却表现出越挫越勇之态，并因此释放出越来越强大的能量。

2019 年 4 月 3 日，华为"心声社区"刊载了华为创始人任正非在消费者 BG"军团作战"誓师大会上的讲话。他指出，在当前形势下，华为将坚持"铁拳（技术和产品领先）+ 法律 + 舆论"三股力量同时前进，争夺最后的胜利。

1. 华为的"铁拳"力量

任正非在讲话中提到，所谓"铁拳"，就是研发和市场，在董事会和常务董事会的领导下坚定不移地向前走，实现在技术和产品层面的真正领先。为此，华为计划在接下来的 5 年内投入 1000 亿美元的研发经费——通过对网络架构的重建实现网络架构极简、站点极简、交易模式极简、交付运维极简，并确保网络安全和隐私保护符合 GDPR（《通用数据保护条

例》）要求。

2. 华为的"法律"力量

华为的法务部对公司业务的介入很深，甚至具有业务增值的功能。

目前，华为法务部的员工多达 500 余人（不包括外聘律所），主要包括律师部门和知识产权部门。在公司管理流程设置上，法务部的控制点几乎融入所有的业务流程中，全面负责公司的业务评审和风险控制。一般来说，法务部同时处理的法律纠纷超过 1000 件。在专利方面，华为每年大约有 5000 件新的专利申请需要由法务部处理完成。

此外，华为在每个国家都会与 3 个以上的律师事务所合作，并且每个律师事务所各有分工。华为努力通过对国内、国外的法务控制，全面推进企业各项业务的顺利推进，同时保障企业的合法权益不被侵犯，避免恶性事件发生而给企业造成负面影响。

面对美国政府的打压，华为更是拿起了法律武器，通过合法方式维护自身的正当权益。2019 年 3 月 7 日，华为在深圳举行了新闻发布会，针对美国《2019 财年国防授权法》第 889 条的合宪性，向美国联邦法院提起诉讼。12 月 5 日，起诉美国联邦通信委员会（FCC），请求法院判定其有关禁止华为参与联邦补贴资金项目的决定违反了《美国宪法》和《行政诉讼法》。华为坚持用合理、合法手段维护自身权益。我们相信，公道自在人心，正义终将到来。

3. 华为的"舆论"力量

长期以神秘著称的华为创始人任正非，在过去是很少对外发声的。事实上，整个华为在对外方面都是非常低调的。谣言或阴谋论的产生往往都是因信息不对称造成的，所以，随着华为在世界范围内影响力的持续扩大，华为在对外方面逐渐开始高调起来——主动对外发言，掌握主体话语权。2019 年，4500 多名中外记者、3000 多位专家学者、1000 多批次政府团组访问华为，参观其实验室、生产线、股权室、员工生活区等；华为高管对外发言、接受采访近 300 次，高密度地与外界进行开放、坦诚的持续沟通。

事实上，在舆论管理方面，华为也有着非常独特的做法，即允许正面评价和负面评价同时存在。通常，华为会保证正面评价占到 60% ～ 70%。此外，华为还努力使舆论上升到爱国情怀或者国际关系层面，使得公众议题与媒体议题重合，由此引发国内、国外乃至各领域、各阶层的广泛关注。

任正非说："我们公司将握成三个拳头，你们的'铁拳'打得越猛，我们在法律上解决问题就越好……动员几万勇士起来争夺胜利，你们在前面越打胜仗，我们后面的问题越容易解决。"华为的三力合一，必然会使其在国际化发展之路上走得更为稳健和久远。

二、绝地反击，华为终将走向世界第一

本书写到这里，已经接近尾声。我们纵观华为的整个发展历程，会发现一个重点：从创业之初的生存扎根，到面向全球市场的开疆拓土，华为常常遭遇市场寒冬或陷入艰难的绝境。但是，华为每每都能以非常的力量，实现绝地反击。

当下，华为陷入发展的再一次至暗时刻。部分国家对华为在 5G 领域的成绩并不认同。但是，任正非却以广阔的胸怀表示："我们不被个别西方国家认同，不要埋怨，因为我们做得还不够好。"可以说，那些来自外

部环境的超级压力，成为倒逼华为业务创新与管理改进的动力。这一点，我们可以从华为的成绩单上窥见一斑。

事实上，对于早已经历过千难万险的华为来说，即便面对突发的灾难，他们也会不卑不亢、不急不躁、合规合理地应对。因为，每一个华为人都明白："烧不死的鸟是凤凰"，大危机是强者涅槃重生的机遇，任何苦难和折磨都将是涅槃者的垫脚石。

而且，此次华为遭遇的国际问题，无形中也给华为乃至中国高科技企业做了一则世界级的免费广告——华为的强大和技术的先进，只有采用非技术、非经济层面的手段，才能与之对抗。与此同时，国内外华人万众一心，这更是为实现华为互联万物、连接民心的全球拓展目标移除了阻碍。

尼采说："凡杀不死我的，必使我更强大。"有时候，人们需要身边坐着一个强大的竞争对手，虎视眈眈地给自己找碴儿；而当我们彻底改掉自己身上的问题时，我们必然变得比过去更强大。人的发展是如此，企业的发展亦是如此。

"伟大都是奋斗出来的"，作为中国民营企业中的佼佼者，华为"以客户为中心，以奋斗者为本"，不断在艰苦奋斗中书写着"中华有为"，不断在重重危机中迎来涅槃重生。在创新多变、充满不确定性的时代进程中，华为人未雨绸缪，坚持战略布局，坚持团结一致，坚持持续奋斗，以为人类打造一个伟大的、智能的新世界，为人类创造幸福为使命，构筑更加智能、随需、无缝、安全的连接版图。

—— 华为启示录八 ——

以客户为中心，以奋斗者为本，长期艰苦奋斗，这是我们 20 多年来悟出的道理，是华为文化的真实体现。

——任正非

◆　保持战略耐性，低调务实，厚积薄发，蓄势聚能，在理性与平实中通过技术精进与务实管理，实现从量变到"智"变，最终实现跨时代的飞跃与引领。

◆　海思 15 年磨一剑，备胎转正的经历告诉我们，重要不紧急的事情是企业能否扛住重要转折点的关键。基于极端条件假设，做好战略布局，绝地重生，最终得以实现重压下的惊世崛起。

◆　作为高科技企业，如果没有自主研发能力与倾斜性持续投入，轻则受制于人，重则面临釜底抽薪的灭顶之灾。因此，提升研发实力，保护知识产权，实则是突破企业瓶颈的重要关口。

◆　对于任何企业来说，困难与危机都始终存在。不忘初心，在困境中越挫越勇，不断精进，绝地反击，会让自己最终走向胜利。

后　记

华为，奋斗典范，民族脊梁。

本书出版之际，不胜感慨。本书从最初的调查研究到中途的设计与写作，以及随后的出版审阅等，考察访谈、记录删除、咬文嚼字、打破重塑，最终得以出版，这是一个艰难而充实的过程，更是一个自我学习与提升的过程。之所以说是自我学习与提升的过程，是因为在过去的 5 年里，围绕这本书的研究与写作，获得了来自各位华为朋友、专家和老师的无私帮助。这些帮助包括心智上的点拨、具体写作过程的指导和资料收集论证上的协助，希望能给想要了解华为的读者和正在创业路上的伙伴提供一些帮助和支持！同时也给自己和即将认识我们的朋友一份有温度的留念。

参考资料

[1] 周显亮：《任正非：除了胜利，我们已无路可走》，北京：北京联合出版有限公司，2019。

[2] 林超华：《华为没有成功，只有成长：任正非传》，武汉：华中科技大学出版社，2019。

[3] [法] 樊尚·迪克雷：《华为传》，张绚译，北京：民主与建设出版社，2020。

[4] 周锡冰：《华为国际化》，北京：中信出版社，2020。

[5] 王育琨：《苦难英雄任正非》，南京：江苏凤凰文艺出版社，2019。

[6] 杨爱国：《华为奋斗密码》，北京：机械工业出版社，2019。

[7] 王民盛：《华为崛起》，北京：台海出版社，2019。

[8] 刘海鹏：《IPD：华为研发之道》，深圳：海天出版社，2018。

[9] 黄卫伟等：《价值为纲：华为公司财经管理纲要》，北京：中信出版社，2017。

[10] 吴春波：《华为没有秘密：华为如何探索和坚守常识》，北京：中信出版社，2014。

[11] 孙立科：《任正非传》，杭州：浙江人民出版社，2017。

[12] 田涛、殷志峰：《厚积薄发》，北京：生活·读书·新知三联书店，2017。

[13] 余胜海：《任正非和华为》，武汉：长江文艺出版社，2017。

[14] 希文：《任正非内部讲话（最新版）》，哈尔滨：哈尔滨出版社，2017。

[15] 黄卫伟等：《以客户为中心》，北京：中信出版社，2016。

[16] 杨少龙：《华为靠什么：任正非创业史与华为成长揭秘》，北京：中信出版社，2014。

[17] 黄继伟：《华为内训》，北京：中国友谊出版公司，2016。

[18] 程东升、刘丽丽：《华为三十年》，贵阳：贵州人民出版社，2016。

[19] 黄卫伟等：《以奋斗者为本》，北京：中信出版社，2014。

[20] 田涛、吴春波：《下一个倒下的会不会是华为（终极版）》，北京：中信出版社，2017。

[21] 陆音：《华为的选择》，2021。